Ausgabe Bayern

Erarbeitet von
Mechtilde Balins (Günzburg)
Rita Dürr (Reutlingen)
Nicole Franzen-Stephan (Ratingen)
Petra Gerstner (Stuttgart)
Ute Plötzer (Haan)
Anne Strothmann (Raesfeld)
Margot Torke (Altenstadt a. d. Iller)
Lilo Verboom (Düsseldorf)

Mit Unterstützung von
Claudia Buchta (Schwaig b. Nürnberg)
Anja Reinhardt (Altdorf b. Nürnberg)

Illustriert von
Cleo-Petra Kurze
Martina Theisen

Oldenbourg Schulbuchverlag, München

Inhaltsverzeichnis

Zahlen und Operationen   Raum und Form   Größen und Messen   Daten und Zufall

* berücksichtigt den Lernbereich Daten und Zufall

Bundesland	2015	2016	2017
Baden-Württemberg	30.07. – 12.09.	28.07. – 10.09.	27.07. – 09.09.
Bayern	01.08. – 14.09.	30.07. – 12.09.	29.07. – 11.09.
Berlin	16.07. – 28.08.	21.07. – 02.09.	20.07. – 01.09.
Niedersachsen	23.07. – 02.09.	23.06. – 03.08.	22.06. – 02.08.
Nordrhein-Westfalen	29.06. – 11.08.	11.07. – 23.08.	17.07. – 29.08.
Sachsen	13.07. – 21.08.	27.06. – 05.08.	26.06. – 04.08.

 1 Was kannst du alles aus dem Ferienplan ablesen? Stellt euch Fragen dazu.

2
In welchem Bundesland beginnen 2017 die Ferien zuerst?

3
In welchem Bundesland beginnen 2017 die Ferien zuletzt?

4 Wann beginnen die Ferien in Niedersachsen? Was fällt dir auf?

a) 2015   b) 2016   c) 2017

5 Wann beginnen die Sommerferien 2016 in Bayern? Wann enden sie?

6 Wie viele Tage dauern die Sommerferien in Bayern? Ein Kalender hilft.

7
Mein Freund geht am 8. August 2016 wieder in die Schule. In welchem Bundesland könnte er wohnen?

Frankreich

8 Wochen im Juli/August/September

Italien

12 Wochen im Juni/Juli/August/September

Großbritannien

6 Wochen im Juli/August

Türkei

13 Wochen im Juni/Juli/August/September

Spanien

10 Wochen im Juni/Juli/August/September

Dänemark

6 Wochen im Juni/Juli/August

 1 Vergleiche die Ferienzeiten dieser Länder.

 2 Warum dauern die Sommerferien in diesen Ländern unterschiedlich lange?

3 Wie viele Tage dauern die Sommerferien in diesen Ländern?

 Erkundige dich: Wann haben die Sommerferien in diesen Ländern in diesem Jahr begonnen? Wann waren sie zu Ende?

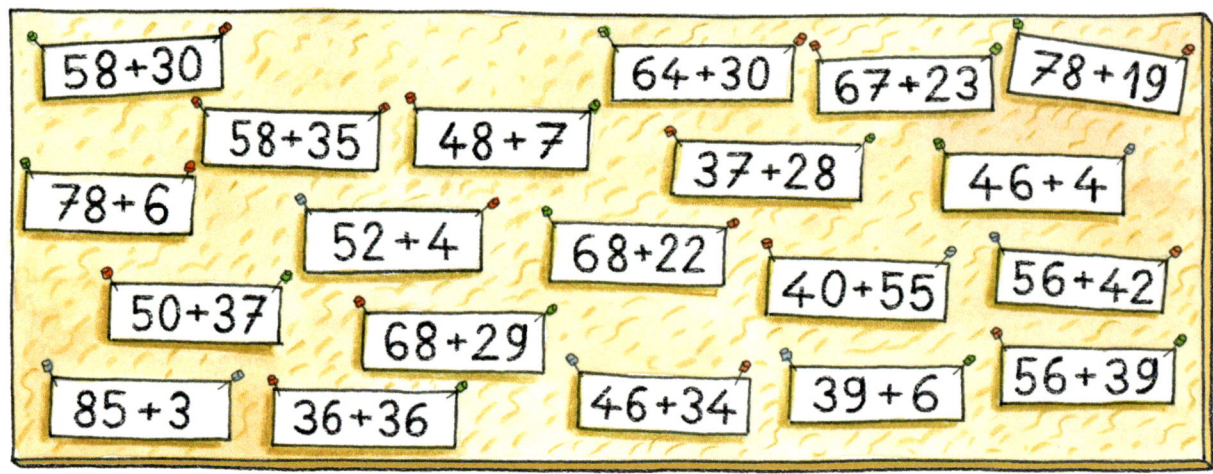

1 a) Suche Aufgaben, die du im Kopf lösen kannst, und rechne sie aus.

b) Bei welchen Aufgaben rechnest du lieber die Tauschaufgabe?

c) Rechne dann alle anderen Aufgaben. Notiere deinen Rechenweg.

2 Welche Aufgabe ist für dich schwieriger: $26 + 49$ oder $64 + 22$? Erkläre.

Die Einer ergeben zusammen mehr als 10.

... ist nah an einer Zehnerzahl.

Die Einer ergeben zusammen weniger als 10.

3 Vervollständige.

a) $47 + 36$

In Schritten vorwärts

$47 + 30 + $ ▪ $ = $
$47 + 3 + 30 + $ ▪ $ = $

Welche Rechenwege kannst du auch
am Rechenstrich darstellen?

b) $46 + 39$

Mit der Zehnerzahl

$46 + 40 - $ ▪ $ = $

c) $27 + 35$

Zehner und Einer getrennt

$20 + 30 = $
$7 + 5 = $
$50 + $ ▪ $ = $

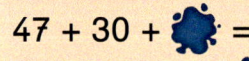

4 Von der einfachen zur schwierigen Aufgabe

a) $26 + 34$
    $26 + 37$

b) $34 + 46$
    $34 + 48$

c) $35 + 55$
    $35 + 58$

d) $27 + 23$
    $27 + 28$

e) $22 + 58$
    $22 + 59$

5 Bilde mindestens fünf Aufgabenpaare wie bei Aufgabe 4.

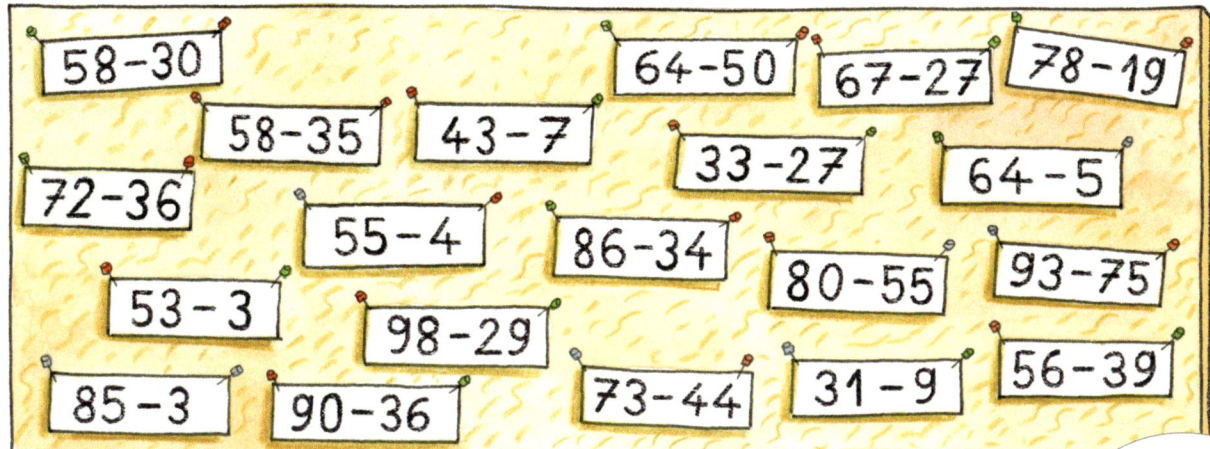

1 a) Suche Aufgaben aus, die du im Kopf lösen kannst, und rechne sie aus.
b) Rechne dann alle anderen Aufgaben. Notiere deinen Rechenweg.

2 Welche Aufgabe ist für dich schwieriger: $\boxed{86 - 32}$ oder $\boxed{82 - 36}$?
Was meint Fredo? Erkläre.

3 Vervollständige.

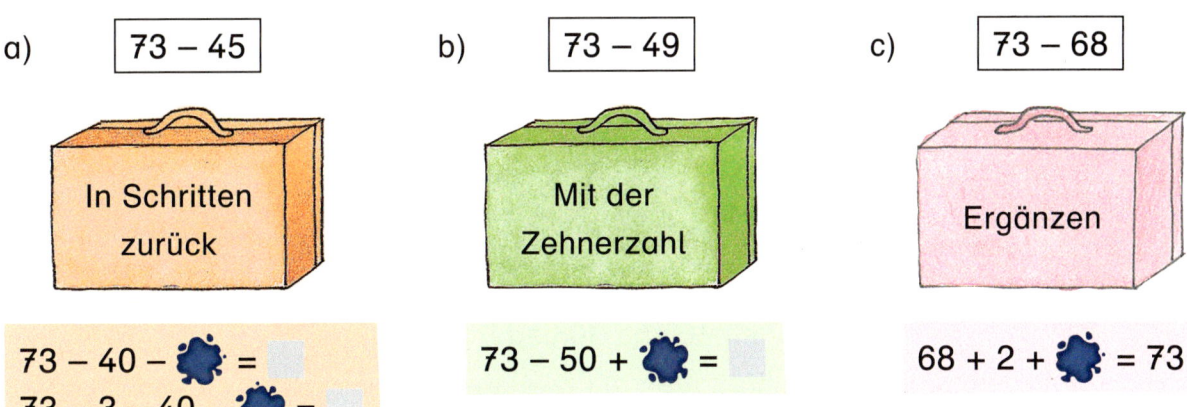

a) $\boxed{73 - 45}$

b) $\boxed{73 - 49}$

c) $\boxed{73 - 68}$

In Schritten zurück

Mit der Zehnerzahl

Ergänzen

$73 - 40 - \text{🔵} = \boxed{}$
$73 - 3 - 40 - \text{🔵} = \boxed{}$

$73 - 50 + \text{🔵} = \boxed{}$

$68 + 2 + \text{🔵} = 73$

Stelle die Rechenwege auch am Rechenstrich dar.

4 Überlege vorher, wie du rechnest. Kontrolliere mit der Umkehraufgabe.

$\boxed{83 - 45}$ $\boxed{67 - 39}$ $\boxed{52 - 48}$ $\boxed{46 - 32}$ $\boxed{98 - 76}$ $\boxed{53 - 49}$

5 Von der einfachen zur schwierigen Aufgabe

a) 56 − 36
56 − 37

b) 64 − 24
64 − 28

c) 95 − 25
95 − 27

d) 92 − 52
92 − 56

e) 83 − 33
83 − 39

6 Bilde mindestens fünf Aufgabenpaare wie bei Aufgabe 5.

7

26 + 38 = 64

0 1 2 3 4 5 6 7 8 9

Die kleinere Summe gewinnt

Jedes Kind hat einen Stapel mit den Ziffernkarten von 0–9 verdeckt vor sich liegen.
Ziehe 4 Ziffernkarten von deinem Stapel und bilde 2 zweistellige Zahlen.
Addiere die beiden Zahlen.
Wer die kleinere Summe hat, erhält einen Punkt.

1 Kann Anton noch gewinnen?

2 Spielt das Spiel mit euren Ziffernkarten.

3 Bilde Plusaufgaben mit zweistelligen Zahlen.   2 3 4 5

Die Summe soll …

a) … kleiner als 60 sein.   a)   2 4 + 3 5 < 6 0
b) … größer als 80 sein.
c) … genau 59 (68, 77, 86) sein.

die Summe:
Ergebnis einer Plusaufgabe

addieren:
plus (+) rechnen

die Ziffer:
34 Zahl   3 4 Ziffern

zweistellige Zahl:
eine Zahl mit 2 Ziffern

4 Die Summe soll zwischen 60 und 90 liegen.   1 2 4 6 8
Finde möglichst viele Aufgaben mit zweistelligen Zahlen.

5 a) Plusaufgaben mit vertauschten Ziffern: Rechne.

53 + 35	32 + 23	43 + 34	51 + 15
71 +	41 +	25 +	24 +

b) Was fällt dir auf? Erkläre.

c) Bilde Aufgaben mit vertauschten Ziffern zu dem Ergebnis 99.
Hast du einen Trick, wie du schnell passende Aufgaben finden kannst?

6 Kommen bei Aufgaben mit vertauschten Ziffern immer Ergebnisse mit gleichen Ziffern heraus? Probiere aus. Was stellst du fest?

Beilage zum Schülerbuch: Ziffernkarten

Aufgaben mit Ziffernkarten ⊖

 Die kleinere **Differenz** gewinnt.

Jetzt **subtrahieren** wir.

64 – 52 = 12

| 6 | 4 | | 5 | 2 |

die Differenz/ der Unterschied: Ergebnis einer Minusaufgabe

subtrahieren: minus (–) rechnen

 1 Wie haben Anni und Anton die Spielregel verändert?

2 Überprüfe: Findest du mit den Ziffernkarten von Anton noch eine kleinere **Differenz**?

Das mache ich mit System.

3 Bilde möglichst viele Minusaufgaben mit zweistelligen Zahlen.

| 8 | 4 | 6 | 3 |

4 Finde die Minusaufgabe mit der kleinsten und mit der größten **Differenz**.

a) | 9 | 4 | 7 | 5 | b) | 9 | 2 | 7 | 3 | c) | 8 | 3 | 6 | 5 |

5 Minusaufgaben mit vertauschten Ziffern: Rechne.

a) 74 – 47   b) 73 – 37   c) 72 –   d) 71 –
85 – 58   84 – 48   83 –   82 –
96 – 69   95 – 59   94 –   93 –

Der Unterschied zwischen 7 und 4 beträgt 3.

| 7 | 4 | Unterschied: 3

Was fällt dir bei den Aufgaben und den Ergebnissen auf?

Wenn der Unterschied zwischen den Ziffern 3 beträgt, kommt bei der Aufgabe immer … heraus.

Wenn der Unterschied zwischen den Ziffern … beträgt, …

6 Suche Aufgaben mit vertauschten Ziffern zu den Ergebnissen 9 und 18. Hast du einen Trick, wie du schnell passende Aufgaben finden kannst?

7 a) Wie viele Aufgaben mit vertauschten Ziffern gibt es insgesamt?
b) Wie viele unterschiedliche Ergebnisse gibt es insgesamt?

Ich habe am Dienstag Theater-AG.

Ich habe am Donnerstag Chor.

Unser neuer Stundenplan

Uhrzeit	Montag	Dienstag	Mittwoch	Donnerstag	Freitag
8.15 – 9.00	Deutsch	HSU	Englisch	Deutsch	Religion
9.00 – 9.45	HSU	Mathematik	Deutsch	Mathematik	Deutsch
10.00 – 10.45	Mathematik	Deutsch	Mathematik	Musik	Mathematik
10.45 – 11.30	Sport	Englisch	Kunst	WG	HSU
11.45 – 12.30	Sport	Religion	Sport	WG	Musik
12.30 – 13.15	Deutsch	Theater-AG	Religion	AG Chor	Förderunterricht

 1 Erzähle: Was kannst du aus dem Stundenplan ablesen?

2 Vervollständige.

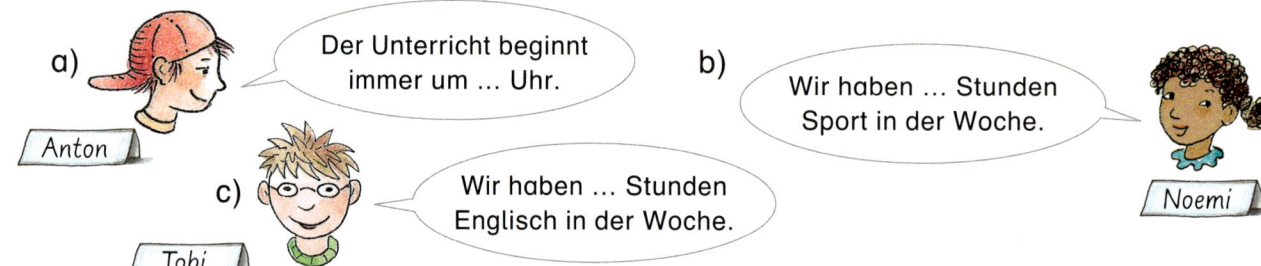

a) Anton — Der Unterricht beginnt immer um ... Uhr.

b) Noemi — Wir haben ... Stunden Sport in der Woche.

c) Tobi — Wir haben ... Stunden Englisch in der Woche.

 3 Stimmt das? Überprüfe die Aussagen.
Verbessere falsche Aussagen.

Eine Unterrichtsstunde dauert 45 Minuten.

a) Die Kinder haben 2-mal Religion in der Woche.
b) Anni hat am Donnerstag 6 Stunden Unterricht.
c) Anton hat 29 Stunden Unterricht in der Woche.
d) Anni hat am Montag bis 12.30 Uhr Unterricht.
e) Anton hat am Dienstag bis 13.15 Uhr Unterricht.
f) Die Pause zwischen der 2. und 3. Stunde dauert 20 Minuten.
g) Die Kinder haben in einer Woche 90 Minuten Englisch.

4 Stellt euch gegenseitig Fragen zum Stundenplan.

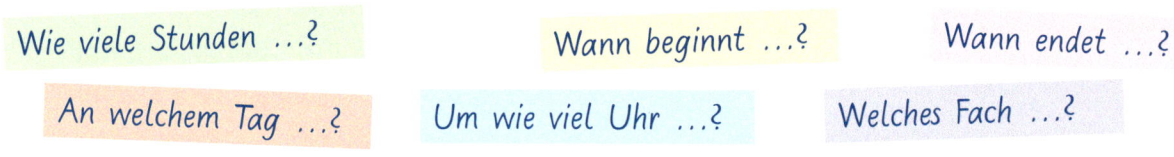

Wie viele Stunden ...?   Wann beginnt ...?   Wann endet ...?

An welchem Tag ...?   Um wie viel Uhr ...?   Welches Fach ...?

 Schreibe deinen Wunsch-Stundenplan auf.

Lieblingsfächer	3 a	3 b
Deutsch	1	0
Mathematik	6	2
HSU	0	0
Englisch	0	0
Religion	0	0
Kunst	4	3
WG	4	5
Musik	1	2
Sport	10	12

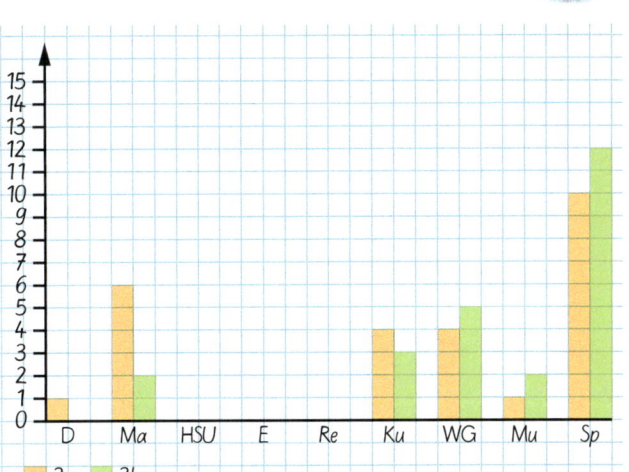

Wir haben die Kinder der Klassen 3a und 3b nach ihren Lieblingsfächern befragt. Jedes Kind durfte nur eine Stimme abgeben.

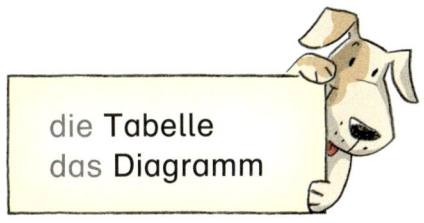

die **Tabelle**
das **Diagramm**

5 Du kannst aus der Tabelle und dem Diagramm vieles ablesen. Erzähle.
Was kannst du schneller aus der Tabelle ablesen?
Was kannst du schneller aus dem Diagramm ablesen?

6 Haben Jungen dieselben Lieblingsfächer wie Mädchen?

a) Macht in eurer Klasse eine Umfrage. Erstellt gemeinsam eine Tabelle an der Tafel.

b) Stelle das Ergebnis in einem Diagramm dar.

Lieblingsfächer	Jungen	Mädchen
Deutsch		
Mathematik		

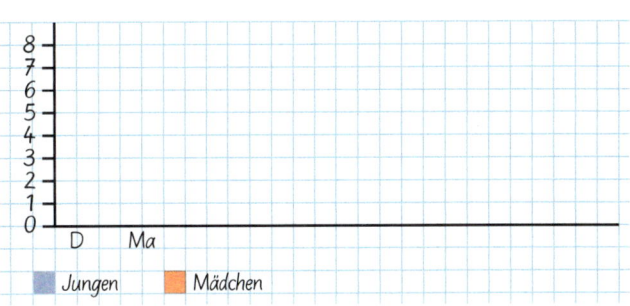

7 Führt selbst Umfragen durch. Wie geht ihr vor?
Stellt eure Ergebnisse in einem Diagramm dar.

Lieblingssport

Lieblingstier

Lieblingsfarbe

Lieblingsessen

Lieblings...

Entdeckungen an Rechenmauern

1 a) Löse die Mauern.

44	52	60	68
4 5 6 7	5 6 7 8	6 7 8 9	7 8 9 10

b) Vergleiche die Mauern miteinander.
Wie verändern sich die Zahlen?

Die Zahlen in der 1. Reihe werden immer um ...

Die Zahlen in der 2. Reihe ...

Die Zahlen ...

Zielstein
3. Reihe
2. Reihe
1. Reihe (Grundsteine)

c) Wie verändern sich die Zielsteine?

d) Welchen Zielstein hat die Mauer
mit den Grundsteinen   8   9   10   11 ?

Kannst du
das herausfinden,
ohne die gesamte Mauer
zu berechnen?

2 a) Löse die Mauern.

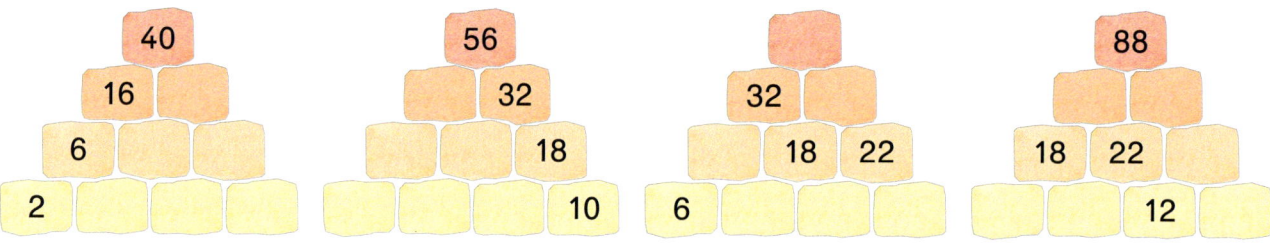

40	56		88
16	32	32	
6	18	18 22	18 22
2	10	6	12

b) Vergleiche die Mauern miteinander. Wie verändern sich die Zahlen?

3 a) Löse die erste Mauer. Wie geht es weiter?

3 6 9 12	6 9 12	...

b) Vergleiche die Mauern miteinander. Wie verändern sich die Zahlen?

Rechendreiecke

1 Kannst du Anni helfen? Es fehlt eine **Innenzahl**.
Probiere. Trage alle Zahlen passend ein.

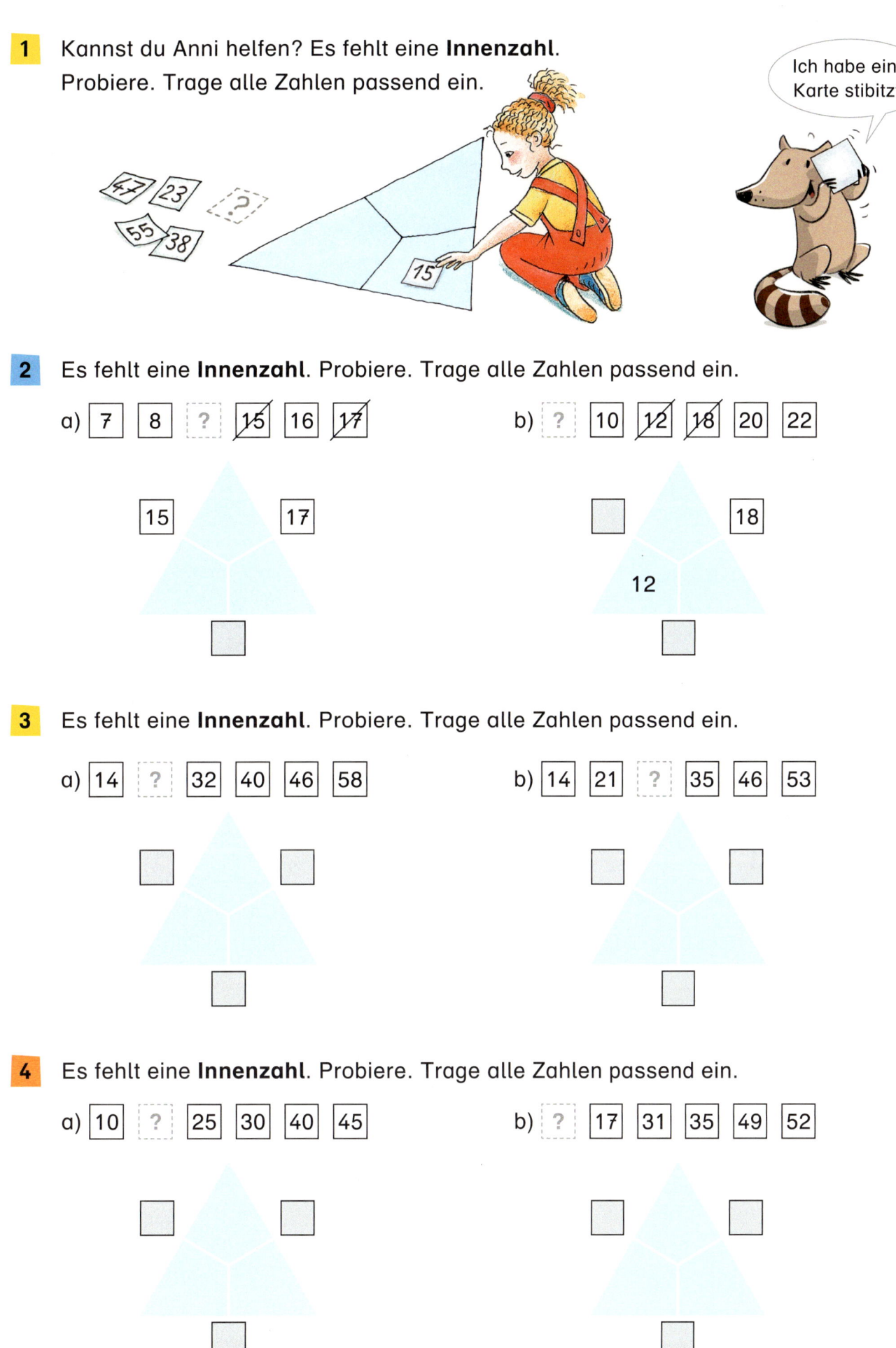

Ich habe eine Karte stibitzt.

47 23 ? 55 38

15

2 Es fehlt eine **Innenzahl**. Probiere. Trage alle Zahlen passend ein.

a) 7 8 ? ~~15~~ 16 ~~17~~

15   17

b) ? 10 ~~12~~ ~~18~~ 20 22

18

12

3 Es fehlt eine **Innenzahl**. Probiere. Trage alle Zahlen passend ein.

a) 14 ? 32 40 46 58

b) 14 21 ? 35 46 53

4 Es fehlt eine **Innenzahl**. Probiere. Trage alle Zahlen passend ein.

a) 10 ? 25 30 40 45

b) ? 17 31 35 49 52

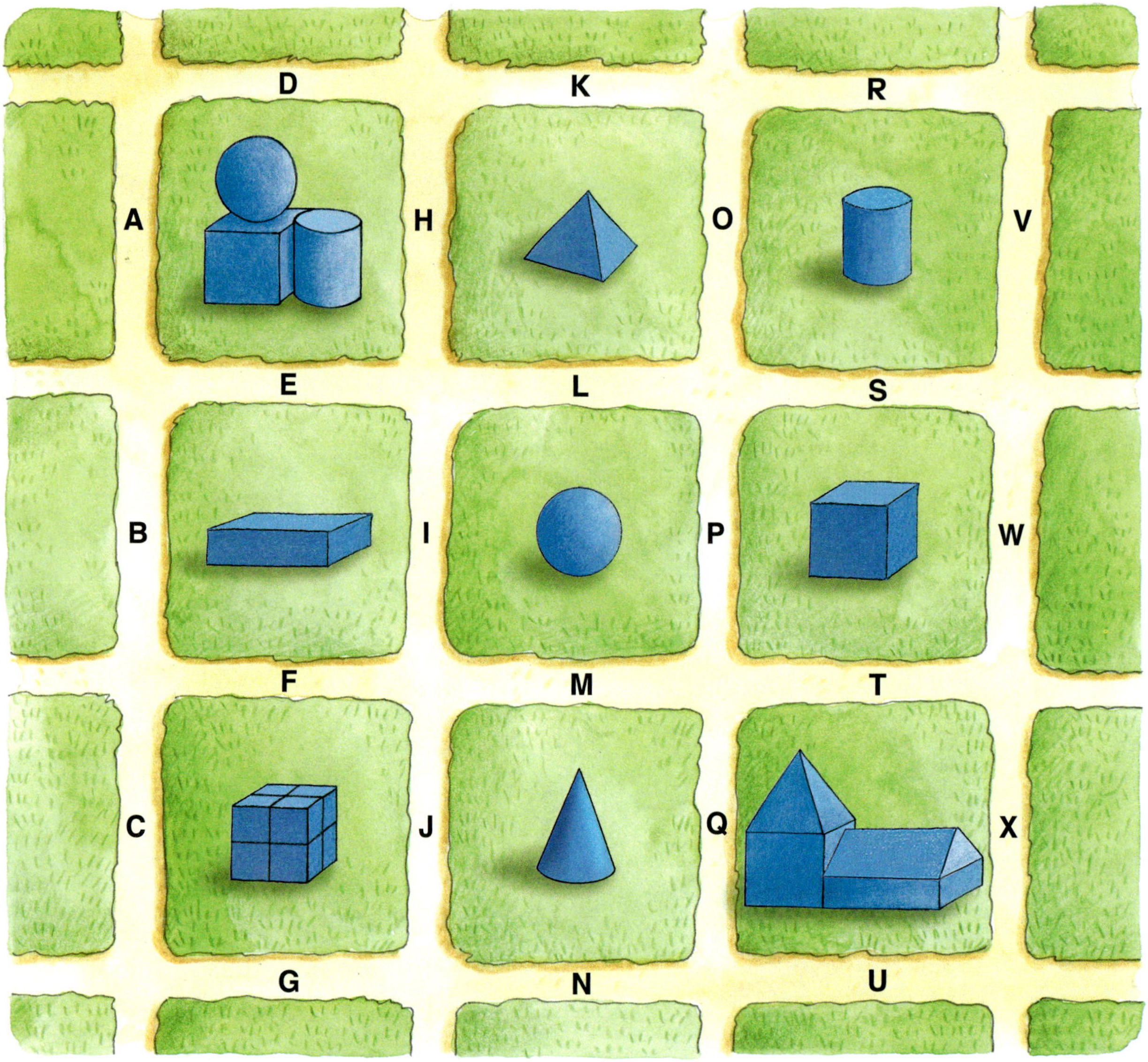

Würfel · Quader · Kugel · Zylinder · Kegel · Pyramide · Prisma

1 Fredo macht eine Rallye durchs Geoland. Fips und Frida beschreiben den Weg.

 „Starte bei G. Die Nase zeigt in Richtung N.
Biege an der Kreuzung links ab.
Gehe an der nächsten Kreuzung geradeaus.
Biege danach rechts und dann links ab."

G ↝ N ↺ ↑ ↻ ↺ ?

a) Zeige den Weg.
b) Bei welchem Buchstaben kommt Fredo an?
c) Welchen Körper sieht Fredo links von sich?

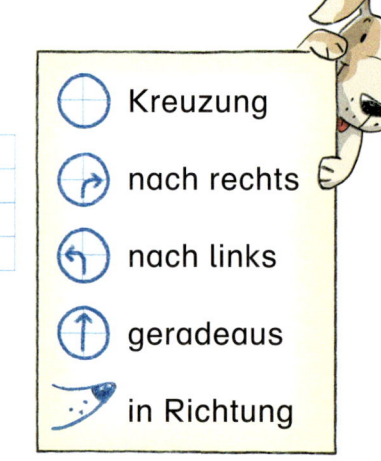

⊕ Kreuzung
↱ nach rechts
↰ nach links
↑ geradeaus
↝ in Richtung

2 Fredo startet bei T. Seine Nase zeigt in Richtung M. Er folgt den Zeichen.

a) Zeige den Weg.

b) Bei welchem Buchstaben kommt Fredo an?

c) Welche Körper sieht Fredo rechts von sich?

3 Fredo startet bei V. Seine Nase zeigt in Richtung W.

An der nächsten Kreuzung geht er geradeaus. Dann biegt er rechts ab.

An der Kreuzung geht er geradeaus und dann biegt er links ab.

a) Zeige den Weg.

b) Bei welchem Buchstaben kommt Fredo an?

c) Welchen Körper sieht Fredo rechts von sich?

d) Aus wie vielen Einzelteilen ist dieser Körper zusammengesetzt?

Aufgepasst!
Wo zeigt meine
Nase hin?

4 Fredo startet bei U. Seine Nase zeigt in Richtung N.

Wie kann Fredo zu B gehen?

a) Zeige deinen Weg.

b) Beschreibe den Weg in Worten.

c) Zeichne den Weg.

Fredo startet bei U.

Seine Nase ...

5 Fredo startet bei A. Seine Nase zeigt in Richtung B.

Er kann auf drei verschiedenen, kurzen Wegen zu T gehen.

Zeige und zeichne die drei verschiedenen Wege.

Überlege selbst Wege für Fredo. Zeichne die Wege oder beschreibe sie
in Worten. Gib die Zeichnung oder Beschreibung deinem Partner.
Kommt er an der richtigen Stelle an?

1·1	1·2	1·3	1·4	1·5	1·6	1·7	1·8	1·9	1·10
2·1	2·2	2·3	2·4	2·5	2·6	2·7	2·8	2·9	2·10
3·1	3·2	3·3	3·4	3·5	3·6	3·7	3·8	3·9	3·10
4·1	4·2	4·3	4·4	4·5	4·6	4·7	4·8	4·9	4·10
5·1	5·2	5·3	5·4	5·5	5·6	5·7	5·8	5·9	5·10
6·1	6·2	6·3	6·4	6·5	6·6	6·7	6·8	6·9	6·10
7·1	7·2	7·3	7·4	7·5	7·6	7·7	7·8	7·9	7·10
8·1	8·2	8·3	8·4	8·5	8·6	8·7	8·8	8·9	8·10
9·1	9·2	9·3	9·4	9·5	9·6	9·7	9·8	9·9	9·10
10·1	10·2	10·3	10·4	10·5	10·6	10·7	10·8	10·9	10·10

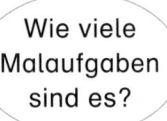

Wie viele Malaufgaben sind es?

 1 Was fällt dir an der Einmaleinstafel auf? Beschreibe.

2 Rechne diese Kernaufgaben.

a) 2 · 3　　b) 2 · 4　　c) 2 · 5　　d) 2 · 6　　e) 2 · 7　　f) 2 · 8　　g) 2 · 9
　 5 · 3　　　 5 · 4　　　 5 · 5　　　 5 · 6　　　 5 · 7　　　 5 · 8　　　 5 · 9

3 Ergebnisse von Quadrataufgaben. Schreibe so: 4 9 = 7 · 7

| 49 | 16 | 1 | 4 | 81 | 9 | 64 | 25 | 36 | 100 |

4 Rechne.

a) 5 · 7　　b) 5 · 9　　c) 2 · 8　　d) 2 · 5　　e) 7 · 7　　f) 6 · 6
　 2 · 9　　　 2 · 6　　　 5 · 4　　　 2 · 3　　　 3 · 3　　　 9 · 9
　 5 · 6　　　 2 · 7　　　 5 · 3　　　 5 · 8　　　 8 · 8　　　 4 · 4

5 Stellt euch gegenseitig Kernaufgaben und Quadrataufgaben.
Wie viele Aufgaben kannst du in einer Minute rechnen?

6 Nachbaraufgaben

a) 4 · 3	b) 4 · 4	c) 4 · 6	d) 4 · 7	e) 4 · 8	f) 6 · 7	g) 7 · 8
5 · 3	5 · 4	5 · 6	5 · 7	5 · 8	7 · 7	8 · 8
6 · 3	6 · 4	6 · 6	6 · 7	6 · 8	8 · 7	9 · 8

7 Aufgabe oder Tauschaufgabe: Welche rechnest du?
Schreibe auf und vergleiche mit deinem Partner.

a) 9 · 3	b) 6 · 4	c) 3 · 8	d) 4 · 7	e) 8 · 6	f) 6 · 3	g) 4 · 8
3 · 9	4 · 6	8 · 3	7 · 4	6 · 8	3 · 6	8 · 4

8 Schreibe die 30 weißen Aufgaben aus der
Einmaleinstafel auf einzelne Kärtchen.
Schreibe die Ergebnisse auf die Rückseite.
Übe wie Anton jeden Tag 10 Minuten.

▶ Aufgaben, die ich
schon gut rechnen kann:

▶ Aufgaben, die ich **noch üben** muss: ☹

▶ Ich übe so lange, bis alle Aufgaben im ☺-Umschlag sind.

9 Welche Malaufgaben können es sein? Ihr Ergebnis ist …

a) … um 3 größer als 5 · 3.   b) … um 14 kleiner als 10 · 7.
c) … um 7 kleiner als 5 · 7.   d) … um 12 größer als 5 · 6.

10 Entdeckerpäckchen an der
Einmaleinstafel:

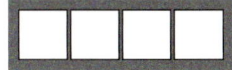

Was fällt dir auf?
Wie verändern sich die Ergebnisse?

a) 5 · 3	b) 3 · 6	c) 4 · 3
5 · 4	3 · 7	4 · 4
5 · 5	3 · 8	4 · 5
5 · 6	3 · 9	4 · 6

Finde Malaufgaben, …

a) … deren Ergebnisse größer als 9 · 6 sind.
b) … deren Ergebnisse kleiner als 9 · 6 sind.

11 Suche andere Entdeckerpäckchen
an der Einmaleinstafel.

Die Ergebnisse sollen immer …

a) … um 8 größer werden.
b) … um 6 größer werden.
c) … um 7 größer werden.
d) … um 9 größer werden.

| a) | 8 · 8 > 9 · 6 |
| b) | 7 · 5 < 9 · 6 |

17

Malnehmen und teilen

Ich rechne zuerst die Umkehraufgabe.

24 : 6 = ▢   24 : 3 = ▢
▢ · 6 = 24   ▢ · 3 = 24

 1 Wie viele 6er-Türme kann Anni bauen? Wie viele 3er-Türme kann Anton bauen?

2 Baue 4er-Türme. Schreibe und rechne Aufgabe und Umkehraufgabe.

a) mit 24 Würfeln   b) mit 16 Würfeln   c) mit 28 Würfeln

3 Aufgabe und Umkehraufgabe:
Entscheide selbst, welche Aufgabe du zuerst rechnest.

a) 36 : 4 = ▢   b) 12 : 2 = ▢   c) 45 : 9 = ▢   d) 32 : 8 = ▢   e) 14 : 7 = ▢
    ▢ · 4 = 36   ▢ · 2 = 12   ▢ · 9 = 45   ▢ · 8 = 32   ▢ · 7 = 14

f) 56 : 7 = ▢   g) 18 : 3 = ▢   h) 54 : 6 = ▢   i) 25 : 5 = ▢   j) 48 : 6 = ▢
    ▢ · 7 = 56   ▢ · 3 = 18   ▢ · 6 = 54   ▢ · 5 = 25   ▢ · 6 = 48

4 Rechne.

a) 9 : 3   b) 14 : 7   c) 81 : 9   d) 8 : 4
   12 : 4   18 : 6   64 : 8   20 : 5
   15 : 5   20 : 5   49 : 7   36 : 6
   18 : 6   20 : 4   36 : 6   56 : 7

Besondere Ergebnisse!

5 Finde zu jedem Päckchen von Nr. 4 eine weitere Aufgabe.

6 Teile diese Zahlen. Das Ergebnis soll …

36   72   45   27

9   63   90

a) … gleich 9 sein.
b) … größer als 3 sein.
c) … möglichst groß sein.

a)   3 6 : ▢ = 9

     7 2 : ▢ = 9

 Finde viele Geteiltaufgaben zu diesen Zahlen.   48   24   36   60
Schreibe sie auf und rechne.

$$24 : 5 = \boxed{}$$

$$24 : 5 = 4 \text{ R } 4$$
$$20 : 5 = 4$$

1 Wie viele 5er-Türme kann Nico bauen?

2 Baue aus 24 Würfeln ...   a) | 2 | 4 | : | 7 | = | | R | |

a) ... 7er-Türme.   b) ... 9er-Türme.   c) ... 10er-Türme.

Schreibe die Aufgaben auf.

3 Rechne. Was fällt dir auf?

a) 20 : 4	b) 21 : 3	c) 40 : 8
21 : 4	22 : 3	42 : 8
22 : 4	23 : 3	44 : 8
23 : 4	24 : 3	46 : 8
24 : 4	25 : 3	48 : 8
25 : 4	26 : 3	50 : 8

4 Rechne.

a) 32 : 5	b) 62 : 9	c) 44 : 6
26 : 7	51 : 8	32 : 9
43 : 5	21 : 6	34 : 7
62 : 6	19 : 8	74 : 9
57 : 6	94 : 9	31 : 4
45 : 7	66 : 8	48 : 9

 Finde Geteiltaufgaben mit dem Rest 2.

5 Finde zu jeder Zahl eine Geteiltaufgabe. Das Ergebnis soll ...

| 7 | | 42 | | 17 | | 56 |

| 38 | | 30 | | 20 |

a) ... mit Rest 2 sein.

b) ... mit möglichst großem Rest sein.

6 Bleibt ein Rest? Was können die Kinder tun, damit alle zufrieden sind?

a)

b) 17 Kinder warten an der Geisterbahn. In einem Wagen können sechs Personen fahren.

c) Im Sportunterricht sollen 25 Kinder vier Mannschaften bilden.

Ich denke mir eine Zahl. Wenn ich sie durch 7 teile, erhalte ich 4.

Ich teile die Zahl 42 und erhalte 6.

1 a) Löse die Zahlenrätsel von Anton und Anni.

b) Vergleicht eure Lösungen. Erkläre deinem Partner, wie du vorgegangen bist.

c) Vergleicht eure Lösungswege in der Klasse.

2 Schreibe Aufgabe und Umkehraufgabe. Rechne.

a) ☐ : 4 = 6   b) ☐ : 7 = 6   c) ☐ : 8 = 9   d) ☐ : 7 = 7
   6 · 4 = ☐   6 · 7 = ☐   9 · 8 = ☐   7 · 7 = ☐

3 Rechne.

a) ☐ : 8 = 7   b) 25 : ☐ = 5   c) 18 : ☐ = 3   d) ☐ : 7 = 4

e) ☐ : 7 = 9   f) 27 : ☐ = 3   g) ☐ : 9 = 4   h) 54 : ☐ = 9

4 Löse die Aufgaben. Was fällt dir auf? Finde selbst ein weiteres Aufgabenpaar.

a) 20 : 2   32 : 4   24 : 3   40 : 4   12 : 2   ☐ : ☐
   20 : 4   32 : 8   24 : 6   40 : 8   12 : 4   ☐ : ☐

b) 25 : 5   12 : 3   21 : 7   18 : 6   32 : 8   ☐ : ☐
   50 : 5   24 : 3   42 : 7   36 : 6   64 : 8   ☐ : ☐

c) 54 : 6   36 : 4   48 : 6   56 : 8   90 : 10   ☐ : ☐
   27 : 3   18 : 2   24 : 3   28 : 4   45 : 5   ☐ : ☐

5 Setze ein: >, <, =. Musst du überall rechnen? Erkläre.

a) 12 : 3 ◯ 12 : 6   b) 32 : 4 ◯ 32 : 8   c) 18 : 3 ◯ 36 : 6

d) 24 : 8 ◯ 40 : 8   e) 30 : 6 ◯ 60 : 10   f) 100 : 10 ◯ 50 : 5

6 Richtig oder falsch? Finde es heraus.

a) Wenn du die Zahlen von 10 bis 20 durch 6 teilst, bleibt nur einmal der Rest 5.

b) Es gibt mehr als fünf Geteiltaufgaben mit dem Ergebnis 1 R 1.

c) Wenn du durch 2 teilst, bleibt bei manchen Aufgaben der Rest 3.

7 Welche Zahl ist es?

a) Du kannst die Zahl durch
3 und 4 teilen.
Sie ist größer als 10 und
kleiner als 20.

b) Die Zahl ist größer als 20,
aber kleiner als 30.
Die Zahl ist gerade.
Du kannst die Zahl durch 3 teilen.

8 Welche Zahl ist es?

a) Du kannst die Zahl durch
7 teilen.
Sie hat doppelt so viele
Zehner wie Einer.

b) Du kannst die Zahl durch
3 und 6 teilen.
Die Zahl liegt zwischen
30 und 40.

9 **Mal-Geteilt-Rechenketten auf der Hundertertafel:**

Anni rechnet Mal- und Geteiltaufgaben. Das Ergebnis ist Startzahl für die nächste
Aufgabe. Danach wird die Zahl abgedeckt und darf nicht mehr verwendet werden.

Anni wählt
die Startzahl 24
und deckt sie ab.

24 : 6 = 4
Mit 4 rechne ich weiter.
Dann decke ich die 4 ab.
4 · 9 = 36
Mit 36 rechne ich weiter.
Dann decke ich die
36 ab.

1	2	3	4	5	6	7	8	9	10
11	12	13	14	15	16	17	18	19	20
21	22	23	24	25	26	27	28	29	30
31	32	33	34	35	36	37	38	39	40
41	42	43	44	45	46	47	48	49	50
51	52	53	54	55	56	57	58	59	60
61	62	63	64	65	66	67	68	69	70
71	72	73	74	75	76	77	78	79	80
81	82	83	84	85	86	87	88	89	90
91	92	93	94	95	96	97	98	99	100

$$2\,4 : 6 = 4$$
$$4 \cdot 9 = 3\,6$$
$$3\,6 : 6 = 6$$
...

a) Finde drei Rechenketten. Schreibe sie wie Anni auf. Welche ist die längste?

b) Spiele nun mit deinem Partner. Schreibt eure Rechenkette auf.
Wer die letzte Zahl abdecken kann, gewinnt.

10 Mal-Geteilt-Rechenketten auf der Hundertafel:

Die Felder 3, 5, 9, 18, 30 und 36 sind abgedeckt.
Wie hat die Rechenkette ausgesehen? Schreibe sie auf.

Und wie kann ich mit diesen Steinen ein Mal-Plus-Haus bauen?

Erst mal, dann plus.

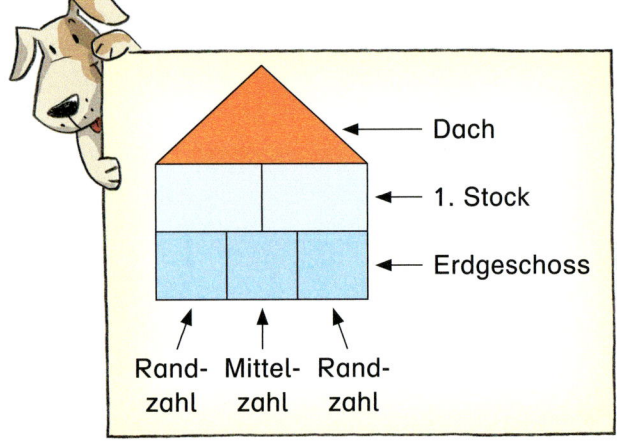

Dach →

1. Stock →

Erdgeschoss →

Rand-zahl Mittel-zahl Rand-zahl

1 Wie muss Anni die Steine aufbauen?
Habt ihr alle die gleiche Lösung?

2 Rechne.

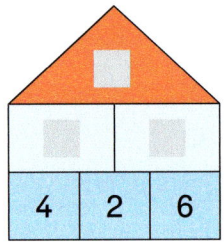 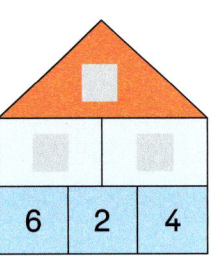 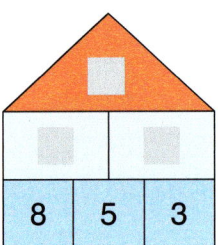 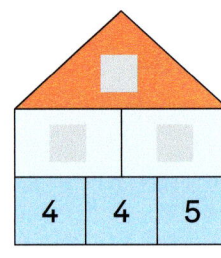 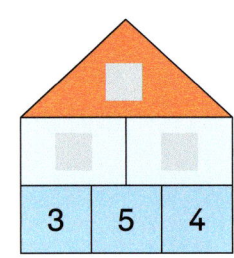

3 Rechne.

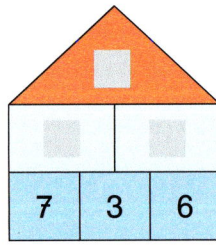 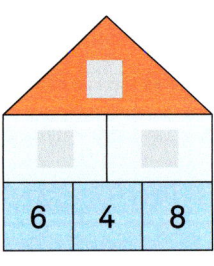 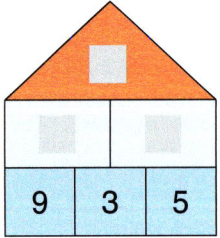 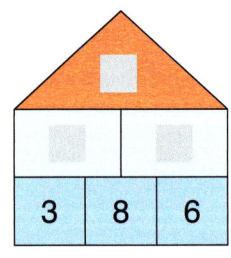 

 Erfinde eigene Mal-Plus-Häuser.

4 Wo gehören diese Zahlen hin?
Trage sie in ein Mal-Plus-Haus ein.

a) 4 9 2
54 18 36

b) 7 90 6
48 42 8

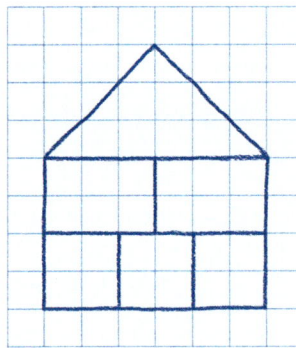

22

5 Rechne.

a)

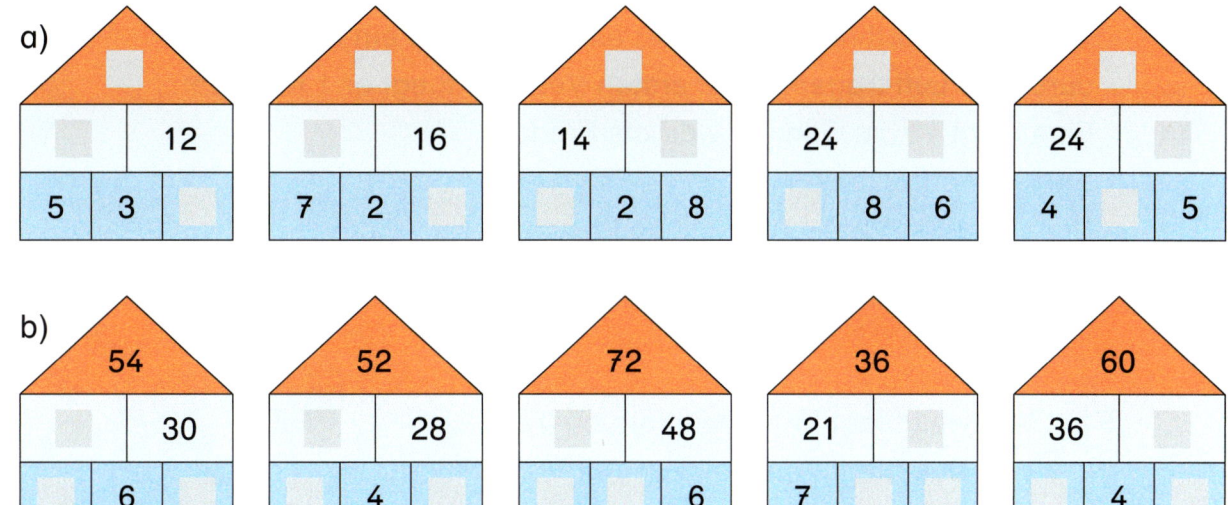

b)

6 Was passiert mit der **Dachzahl**, wenn die **linke Randzahl** um 1 größer wird?

a)

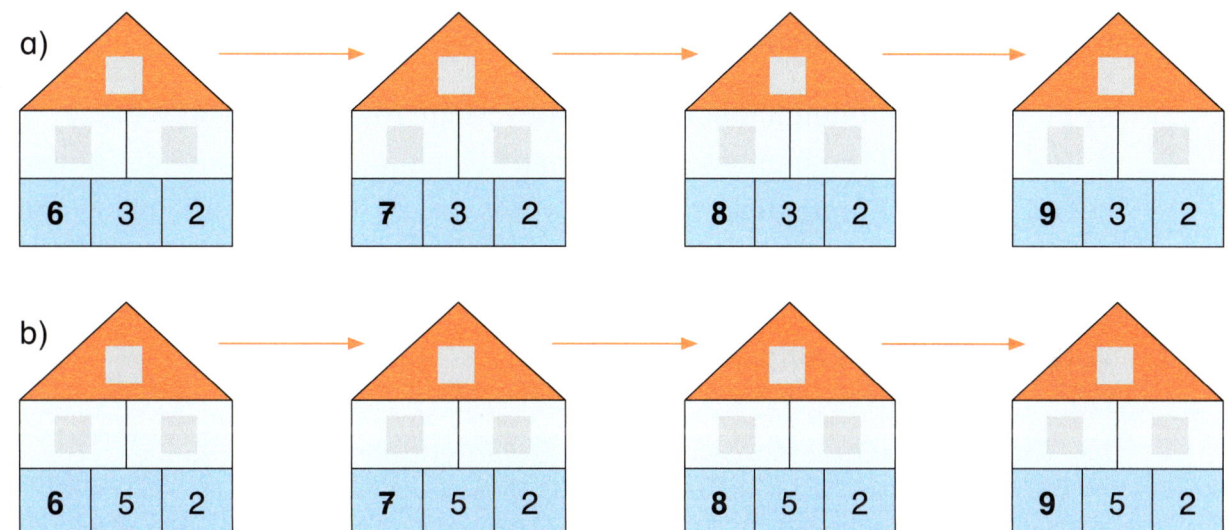

b)

7 Wie heißen die fehlenden Zahlen?
Probiere aus.

8 Wie heißen die fehlenden
Zahlen? Finde 3 Möglichkeiten.

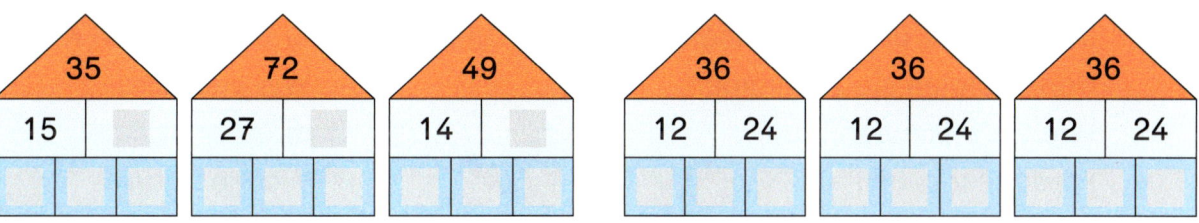

9 Finde ein Haus.
Dachzahl: 25
Mittelzahl: 5

10 Finde mehrere Häuser.
Dachzahl: 36
Mittelzahl: 4

11 Finde 8 Häuser.
Dachzahl: 81
Mittelzahl: 9

23

1

Fredo spielt mit Fips und Frida „Regenschirm-Weitfliegen".
Von einer Startlinie aus lässt er sich vom Wind ein Stück
durch die Luft tragen. Beim ersten Versuch fliegt er 1 m 34 cm.
Fips fliegt 10 cm weniger weit als Fredo.
Frida schafft 2 m 60 cm.
Beim zweiten Versuch fliegt Fredo schon 2 m 70 cm.
Fips schafft 2 m 25 cm und Frida fliegt 1 m und 20 cm weiter
als bei ihrem ersten Versuch.

F1: Wie weit fliegt Frida beim ersten Versuch?

F2: Wie weit fliegt Fips beim ersten Versuch?

F3: Wer macht mit beim Regenschirm-Weitfliegen?

F4: Wie weit fliegt Fredo bei seinem zweiten Versuch?

F5: Wo findet das Regenschirm-Weitfliegen statt?

F6: Wie viele Zentimeter weiter fliegt Fredo bei seinem zweiten Versuch?

F7: Wie viele Zuschauer gibt es?

a) Zu welchen Fragen findest du die Antwort im Text? Beantworte sie.

b) Bei welchen Fragen musst du rechnen? Rechne und schreibe die Antwort auf.

c) Bei welchen Fragen findest du keine Antwort im Text? Notiere die Nummern.

d) Finde weitere Fragen und schreibe sie auf.

2 Vorsicht! Nicht alle Aufgaben sind lösbar.

A Frida singt jeden Morgen vor dem Schlafengehen
ein Lied. Dafür braucht sie 5 Minuten. Danach schläft sie
10 Stunden. Wann beginnt sie mit dem Singen?

B Fredo läuft 5 Minuten, um Fips zu Hause zu
besuchen. Fredo besucht Fips jeden Morgen
um 9.00 Uhr und jeden Abend um 18.00 Uhr.
Dann spielen sie zusammen.
Wie viele Minuten läuft
Fredo insgesamt
jeden Tag bei
seinen Besuchen?

C Fips knabbert gerne
Knochen. Jeden Tag kauft
er einen neuen Knochen.
Wie viel Euro
muss er in einer
Woche dafür
bezahlen?

a) Lies die Aufgaben genau. Welche Aufgabe kannst du lösen?

b) Welche Angaben fehlen dir zum Lösen der anderen beiden Aufgaben?

3 Was gehört zusammen?

Schreibe die angefangenen Rechengeschichten zu Ende. Vergiss die Frage nicht.

Frida hat eine Woche Zeit, um für das Radfahrabzeichen zu üben …	Fips hat schon 63 Knochen in seiner Sammlung …	Fredo hat ein dickes Buch über Nasenbären geschenkt bekommen …

$$91 - 63 = 28 \qquad 63 + 28 = 91 \qquad 7 \cdot 9 = 63$$

Jetzt hat Fips 91 Knochen.	Fredo muss noch 28 Seiten lesen.	Frida hat insgesamt 63 Stunden geübt.

4 Überlege, welche Antworten nicht stimmen können. Begründe.

A

Frida schläft jeden Tag 10 Stunden.
Wie viele Stunden schläft sie in einer Woche?

B

Fredos Haustiere brauchen neue Pantoffeln. Er hat 10 Marienkäfer und 5 Spinnen. Wie viele Pantoffeln muss er kaufen?

a) Sie schläft in einer Woche 7 Stunden.
b) Sie schläft in einer Woche 10 Stunden.
c) Sie schläft in einer Woche 70 Stunden.
d) Sie schläft in einer Woche 24 Stunden.

a) Er muss 15 Pantoffeln kaufen.
b) Er muss 30 Pantoffeln kaufen.
c) Er muss 60 Pantoffeln kaufen.
d) Er muss 100 Pantoffeln kaufen.

Die Antwort stimmt.

Die Antwort kann nicht stimmen, weil …

5 Löse die Rechengeschichten.

A Fredo, Frida und Fips gehen einkaufen. Sie haben aber nur 10 € dabei. Fredo hätte gerne vier Äpfel, Frida möchte zwei Käfer am Stiel und Fips will zwei große Würstchen kaufen. Ein Apfel kostet 50 ct, ein Käfer kostet 1,50 € und ein Würstchen kostet 2 €. Reicht das Geld?

B Fredo, Frida und Fips möchten sich aus Stoffresten eine Hängematte nähen. Sie soll 2 m 50 cm lang sein. Frida und Fredo haben schon zwei Stoffstücke zusammengenäht. Fridas Stück war 1 m 50 cm lang, Fredos Stück war 76 cm lang. Wie lang muss das dritte Stück Stoff sein?

Schreibe selbst Rechengeschichten mit Fredo, Frida und Fips auf.
Gib sie deinem Partner zum Lösen.

 1 Die Kinder haben die Würfel so gelegt, dass man sie schnell zählen kann.

Kim

Welcher Notizzettel gehört zu welchem Kind?

a)
10 Zwanziger
und 13 Einer

b)
2 Hunderter,
1 Zehner und
3 Einer

c)
21 Zehner
und 3 Einer

Wie viele
Würfel sind es
eigentlich?

 2 a) Bei welchem Kind kannst du die Anzahl am schnellsten feststellen? Warum?

b) Bei welchem Notizzettel kannst du die Anzahl am schnellsten feststellen?
   Warum?

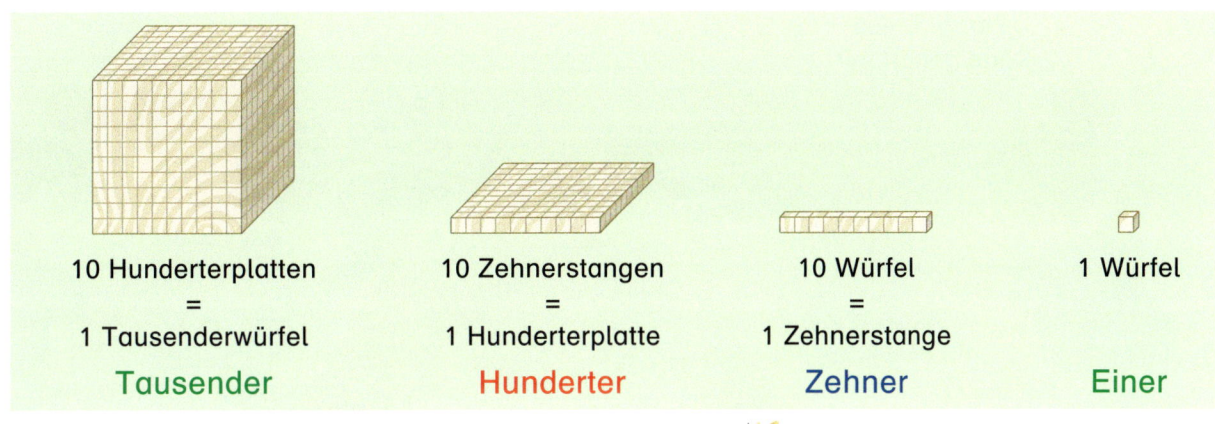

10 Hunderterplatten = 1 Tausenderwürfel — **Tausender**

10 Zehnerstangen = 1 Hunderterplatte — **Hunderter**

10 Würfel = 1 Zehnerstange — **Zehner**

1 Würfel — **Einer**

300 + 50 + 7 = 357
dreihundertsiebenundfünfzig

Anton legt eine Zahl.

Anni legt die Zahl mit ihren Zahlenkarten.

1   Legt Zahlen wie Anton und Anni.

2   Lege die Zahlen mit deinen Zahlenkarten.
Schreibe sie auf.

a)   6 0 0 + 8 0 + 9 =

a) sechshundertneunundachtzig   b) fünfhundertdreiundvierzig
c) siebenhundertsieben   d) vierhundertvierundvierzig
e) neunhundertzehn   f) fünfhundertdreizehn

3   Lege die Zahlen mit deinen Zahlenkarten. Schreibe sie auf.

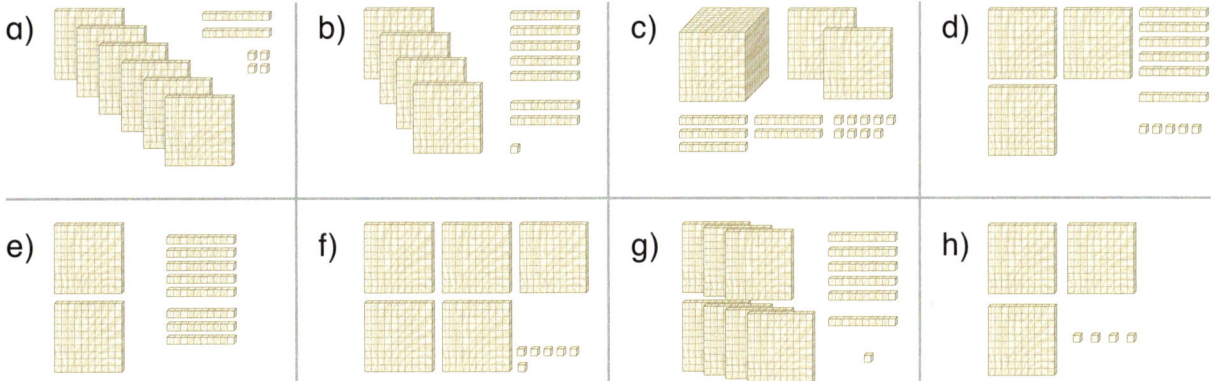

a)   b)   c)   d)

e)   f)   g)   h)

4   Schreibe als Zahl.

a) neunhundertfünfundsiebzig   b) dreihundertsechsunddreißig
c) zweihundertacht   d) sechshundertsechsundsechzig
e) dreihundertfünfzig   f) achthundertsechs

 1 Spielt das Spiel „Blitzlegen".

2 Welche Zahlen sind das?

a) 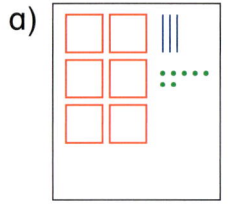   b) 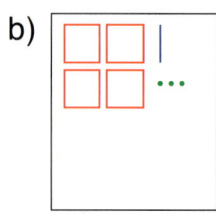   c) 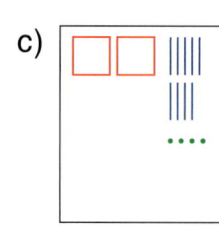   d) 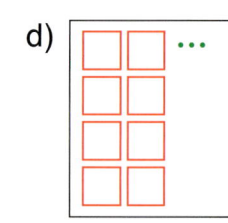   e)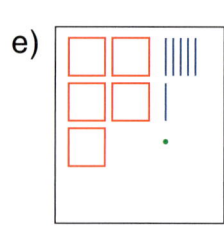

3 Welche Zahlen sind das?

a) 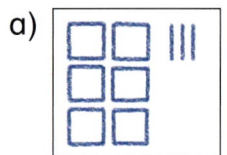   b) 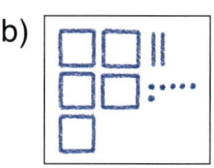   c) 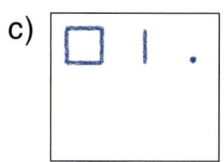   d) 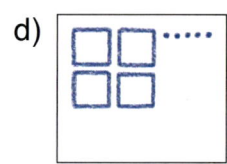   e)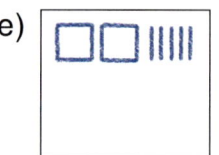

4 Stelle die Zahlen dar.

a) 326   b) 769   c) 815   d) 906   e) 270   f) 402

5 Lege dreistellige Zahlen mit diesen Karten und schreibe sie auf.
Wie viele verschiedene Zahlen findest du?

6 Welche Zahlen können es sein?
Die Zahl ist gerade. Die Zahl hat halb so viele Hunderter wie Einer.
Die Zahl hat 5 Zehner mehr als Hunderter.

Beilage zum Schülerbuch: Seguin-Karten

1 Notiere die Zahlen in eine Stellenwerttafel.

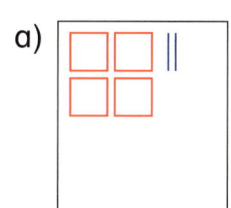 a)   b) 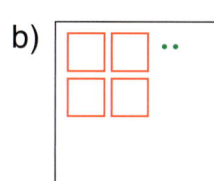   c) 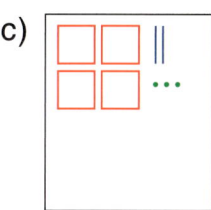   d) 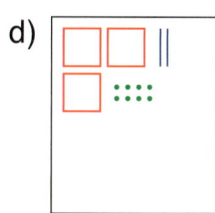   e)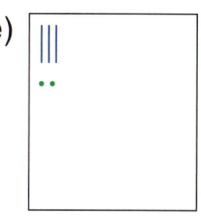

2 Notiere die Zahlen in eine Stellenwerttafel.

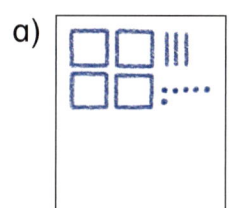 a)   b) 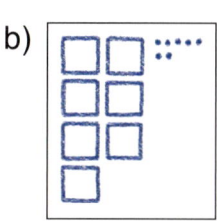   c) 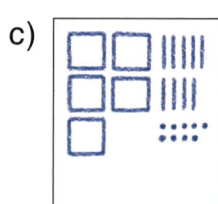   d) 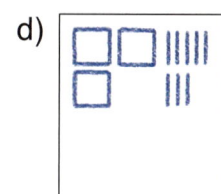   e)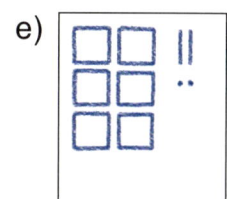

3 Lege mit den Zahlenkarten. | 1 0 0 | | 4 0 | | 5 |

Schreibe so ins Heft: a)   1 H + 4 Z + 5 E = 1 0 0 + 4 0 + 5 = 1 4 5

a)   1 H   4 Z   5 E   b)   5 H   8 Z   7 E   c)   5 H   1 Z   d)   9 E   7 H   e)   4 Z   9 E   1 H

f)   8 H   2 Z   7 E   g)   3 H   7 Z   5 E   h)   6 H   4 Z   i)   2 E   4 H   j)   3 Z   5 H   1 E

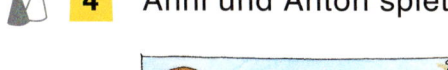 **4** Anni und Anton spielen das Spiel „Hohe Hausnummer". Erkläre.

Juhu, ich habe gewonnen!

5 Schau dir die Bilder von Aufgabe 4 an. Wie könnte Anton trotzdem noch gewinnen? Erkläre.

die Stellenwerttafel
die Einerstelle
die Zehnerstelle
die Hunderterstelle

1 Was machen Anton und Anni? Beschreibe.

2 Welche Zahlen haben Anton und Anni gelegt? Schreibe die Zahlen auf.

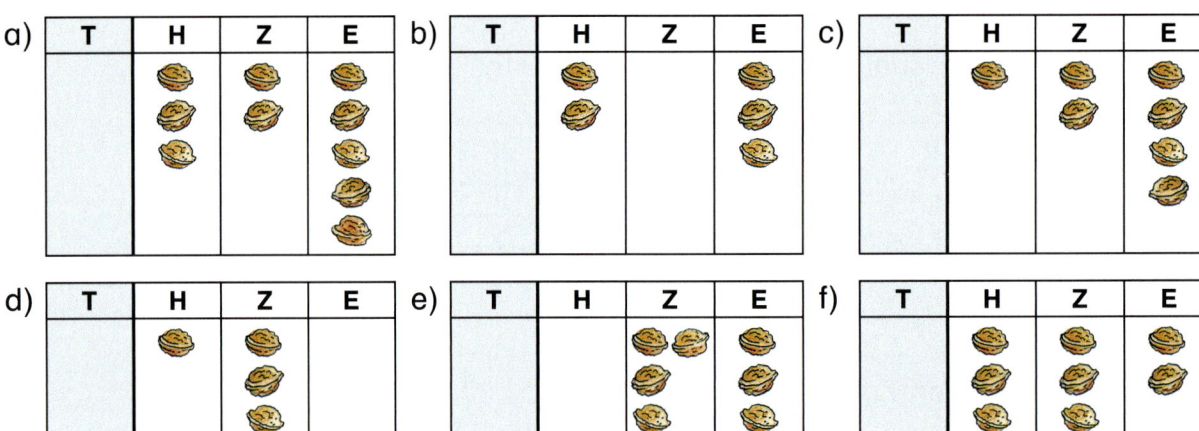

3 Fredo hat mit Nüssen eine Zahl gelegt.

a) Er nimmt eine Nuss weg. Welche Zahlen können es dann sein?

Eine Nuss habe ich stibitzt!

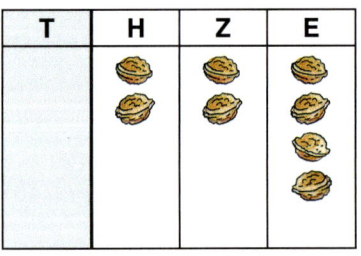

b) Er legt eine Nuss dazu. Welche Zahlen können es dann sein?

c) Er verschiebt eine Nuss. Welche Zahlen können es dann sein?

4 Spiele mit deinem Partner. Du darfst Nüsse dazulegen, stibitzen oder verschieben.

5 a) Welches ist die kleinste Zahl, die Fredo legen kann?

b) Welches ist die größte Zahl, die Fredo legen kann?

c) Welche Zahlen kann Fredo noch legen?

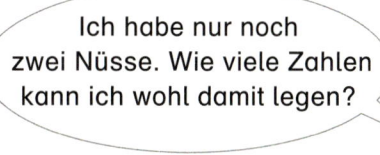

Ich habe nur noch zwei Nüsse. Wie viele Zahlen kann ich wohl damit legen?

6 Welche Zahlen kannst du mit drei Nüssen legen?

7 Diese Zahl hat Fredo gelegt:

T	H	Z	E
	🌰🌰	🌰	🌰🌰🌰

a) Verschiebe eine Nuss. Die Zahl soll größer werden. Schreibe alle möglichen Zahlen auf.

b) Verschiebe eine Nuss. Die Zahl soll kleiner werden. Schreibe alle möglichen Zahlen auf.

8 Fredo legt diese Zahlen. Er legt immer eine Nuss dazu. Wie heißt die Aufgabe? Schreibe alle Möglichkeiten auf.

a) 314   b) 637   c) 470   d) 777   e) 888   f) 31

Fredo legt die Zahl 314.   Er legt eine Nuss immer an einer anderen Stelle dazu.

T	H	Z	E
	🌰🌰🌰	🌰	🌰🌰🌰🌰

a) $314 + 1 =$

$314 + 10 =$

$314 + =$

9 Was passiert, wenn du bei 999 eine Nuss dazulegst? Schreibe die Aufgaben auf.

10 Fredo legt diese Zahlen. Er nimmt eine Nuss weg. Wie heißt die Aufgabe? Schreibe alle Möglichkeiten auf.

a) 594   b) 617   c) 412   d) 999   e) 111   f) 530

$594 - 1 =$

$594 - 10 =$

$594 - =$

11 Fredo hat mit Nüssen eine Zahl gelegt. Eine Nuss hat er schon wieder weggenommen. Welche Zahlen können es vorher gewesen sein? Schreibe alle Möglichkeiten auf.

a) 444   b) 314   c) 161   d) 678   e) 120   f) 592

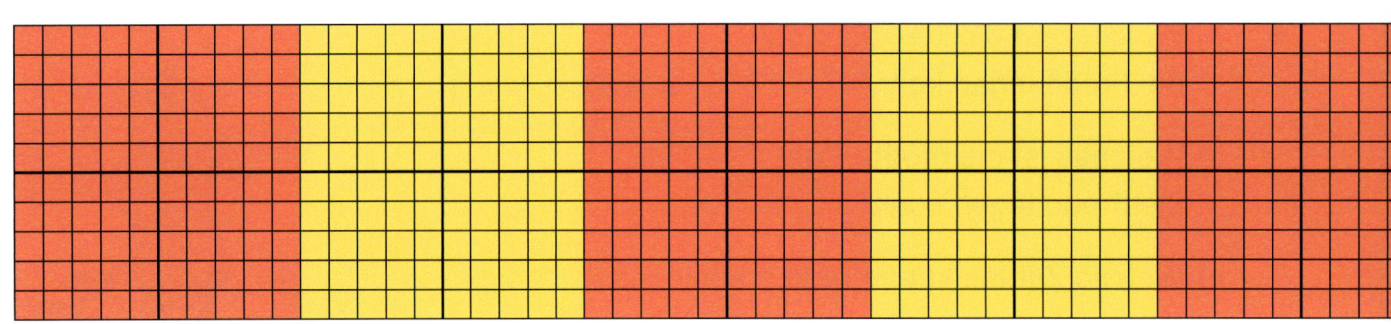

 1 Zeige am Tausenderfeld.

a) 200, 700, 400, 800, 500

b) 3, 73, 370, 733, 377

c) 50, 250, 550, 950, 650

d) 162, 261, 612, 621, 126

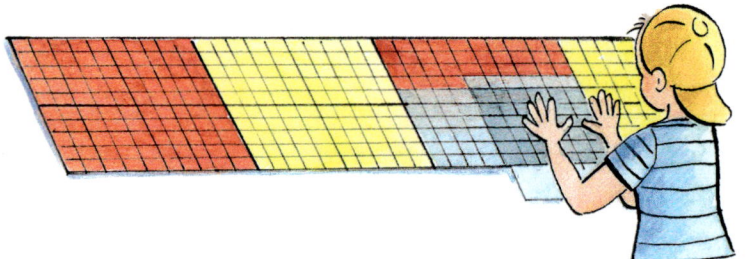

2 Wie viele Hunderter, Zehner und Einer sind es?

a)

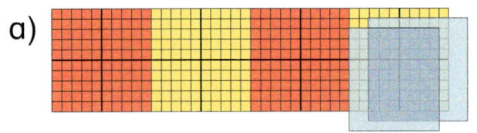

b)

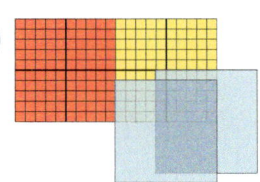

c)

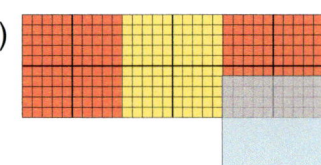

d)

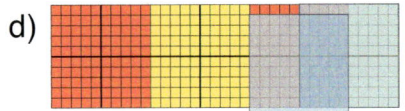

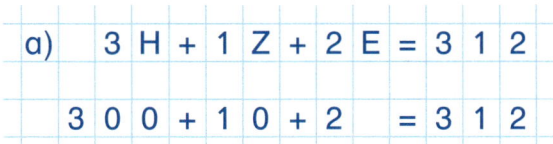

a)	3 H	+	1 Z	+	2 E	=	3	1	2
	3 0 0	+	1 0	+	2		= 3	1	2

3 Zerlege die Zahlen in Hunderter, Zehner und Einer.

a) 327, 613, 748, 974

a)	3 2 7	=	3 H	+	2 Z	+	7 E
	3 2 7	=	3 0 0	+	2 0	+	7

b) 484, 404, 480, 808

4 Wie heißen die Zahlen?

a)	b)	c)	d)
500 + 30 + 7	600 + 40 + 8	70 + 900 + 5	3 + 400
500 + 70 + 3	600 + 80 + 4	900 + 7 + 50	80 + 3 + 400
500 + 30	600 + 40	50 + 900	8 + 30 + 400
500 + 70	600 + 80	7 + 900	30 + 400
500 + 7	600 + 4	70 + 900	400 + 8
500 + 3	600 + 8	900 + 5	80 + 400

Beilage zum Schülerbuch: Tausenderfeld

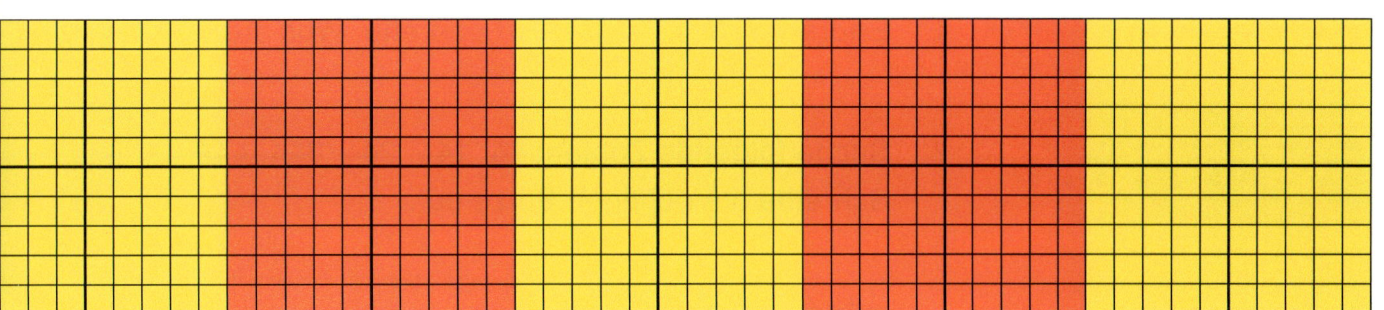

5 Rechne.

a) 250 + 50 + 500
   670 + 30 + 300
   410 + 90 + 400

b) 260 + 40 + 100
   190 + 10 + 400
   530 + 70 + 300

c) 360 + 40 + 200
   150 + 50 + 500
   420 + 80 + 300

d) 580 + 20 + 100
   370 + 30 + 200
   110 + 90 + 700

6 Immer 1000

a) 700 +
   500 +
   200 +

b) 850 +
   450 +
   150 +

c) 610 +
   270 +
   340 +

d) 925 +
   968 +
   951 +

7 Entdeckerpäckchen: Setze fort.

a) 150 +   = 1000
   250 +   = 1000
   350 +   = 1000
      +   = 1000

b) 330 +   = 1000
   340 +   = 1000
   350 +   = 1000
      +   = 1000

c) 580 +   = 1000
   570 +   = 1000
   560 +   = 1000
      +   = 1000

8 Entdeckerpäckchen: Was fällt dir auf? Beschreibe und setze fort.

a) 101 +   = 1000
   106 +   = 1000
   111 +   = 1000
      +   = 1000

b) 735 +   = 1000
   740 +   = 1000
   745 +   = 1000
      +   = 1000

c) 888 +   = 1000
   868 +   = 1000
   848 +   = 1000
      +   = 1000

Finde selbst Entdeckerpäckchen wie bei Aufgabe 7 oder 8 und schreibe sie auf.

9 Rechne.

a) 1000 – 200 – 50
   1000 – 500 – 40
   1000 – 400 – 20

b) 800 – 300 – 70
   700 – 400 – 10
   400 – 200 – 80

c) 600 – 100 – 30
   800 – 200 – 20
   900 – 600 – 60

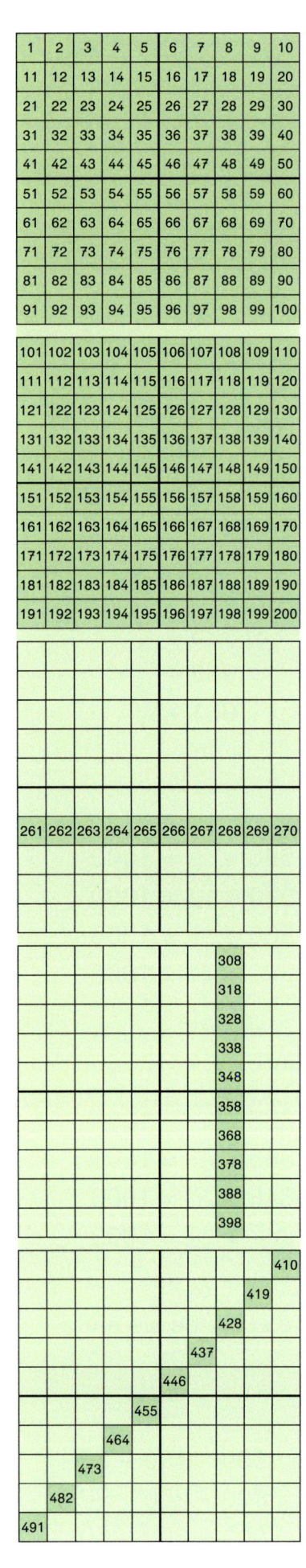

 1 Erforsche das Tausender-Leporello. Was stellst du fest?

2 Suche folgende Zahlen: 44, 144, 244, 344, 444.
Schreibe die richtigen Sätze auf.

Die Zahlen stehen in der 4. Spalte.

Die Zahlen werden immer um 100 größer.

Die Zahlen stehen immer in der 4. Zeile.

Alle Zahlen haben 4 Zehner und 4 Einer.

Die Zahlen werden immer um 10 größer.

3 Finde zu jedem Satz sieben passende Zahlen.
Schreibe sie auf.

a) Die Zahlen stehen in der 7. Spalte.
b) Die Zahlen werden immer um 100 größer.
c) Bei diesen Zahlen steht an der Hunderterstelle
   und an der Zehnerstelle die Ziffer 2.
d) Bei diesen Zahlen steht an der Hunderterstelle
   und an der Einerstelle die Ziffer 6.
e) Bei diesen Zahlen steht an der Hunderterstelle,
   Zehnerstelle und Einerstelle die gleiche Ziffer.

Vergleiche mit deinem Partner. Sind eure Zahlen gleich?

4 Wie viele Zahlen gibt es, …

a) … die die Ziffer 9 an der Einerstelle haben?
b) … die ungerade sind?
c) … bei denen an der Hunderterstelle
   und der Einerstelle die gleiche Ziffer steht?
   z. B. 101, 111, 121 …

> Mal überlegen, vielleicht geht es auch ohne abzuzählen.

5 Muster im Leporello: Schreibe die Zahlen auf.

a)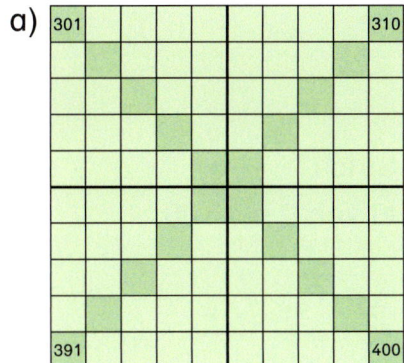

b)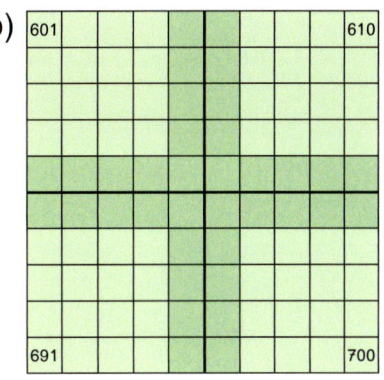

c)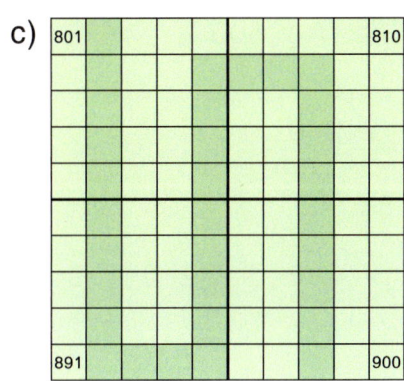

d)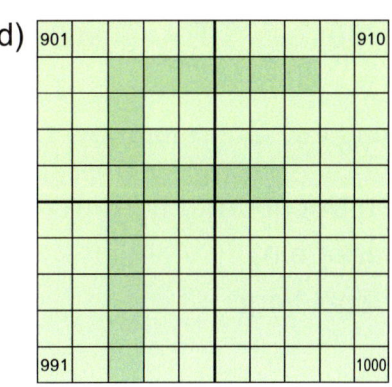

6 Gehe von jeder Startzahl vier Kästchen weiter …

a) … nach rechts: 613 844 351 755 912

b) … nach links: 546 688 255 967 398

c) … nach oben: 273 744 361 1000 464

d) … nach unten: 226 858 457 624 741

7 Zahlenrätsel

a) Meine Zahl liegt im 5. Hunderterfeld in der 3. Zeile und 6. Spalte.

b) Meine Zahl ist die vorletzte Zahl im 7. Hunderterfeld.

c) Meine Zahl liegt in der 4. Spalte und 8. Zeile des 9. Hunderterfeldes.

d) Notiere die passenden Zahlen:
   Die Ziffer an der Zehnerstelle ist doppelt so groß wie die Ziffer an der Einerstelle **und** die Ziffer an der Hunderterstelle ist doppelt so groß wie die Ziffer an der Zehnerstelle.

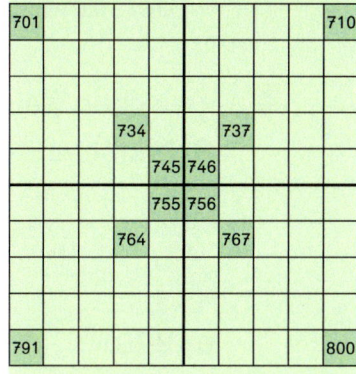

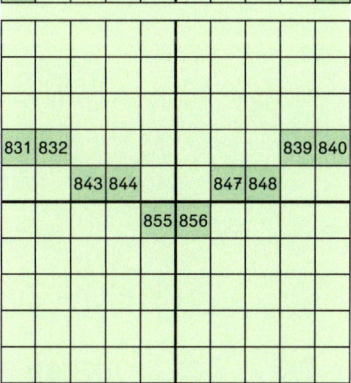

1 Beschreibe den Zahlenstrahl. Was bedeutet ein Strich?
Vergleiche den Zahlenstrahl mit dem Zahlenstrahl von 0 bis 100.

2

a) Welche Zahlen sind es? Schreibe so: A: 2 2 0

b) Zwischen welchen Nachbarhundertern liegen sie?
Kreise den Hunderter ein,
der näher an der Zahl liegt.   A: (2 0 0) , 2 2 0 , 3 0 0

3 Zwischen welchen Nachbarhundertern liegt die Zahl?
Schreibe und kreise ein wie bei Aufgabe 2b.

a) (3 0 0) , 3 2 0 , 4 0 0

Die Zahl heißt …
Sie liegt zwischen … und …

a) 320   b) 760   c) 470   d) 210   e) 685   f) 963   g) 500

4

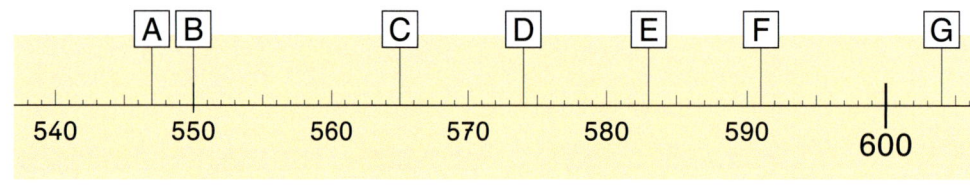

a) Welche Zahlen sind es?

b) Zwischen welchen Nachbarzehnern liegen sie?
Kreise die Zehnerzahl ein, die näher
an der Zahl liegt.

c) Rechne von den Zahlen zu den
Nachbarzehnern.

c)   A: 5 4 7 − 7 = 5 4 0

5 4 7 + 3 = 5 5 0

5 Rechne von den Zahlen zu den
Nachbarhundertern.

5)   A: 5 4 7 − 4 7 = 5 0 0

5 4 7 + 5 3 = 6 0 0

→ Beilage zum Schülerbuch: Zahlenstrahl bis 1000

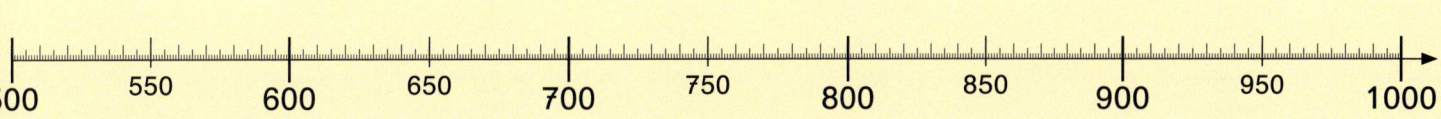

6 Vergleiche: $>$, $<$, $=$

a) 300 ◯ 400
540 ◯ 450
870 ◯ 780

b) 121 ◯ 221
799 ◯ 699
278 ◯ 278

c) 917 ◯ 917
421 ◯ 411
743 ◯ 734

d) 546 ◯ 456
786 ◯ 867
453 ◯ 345

7 Vor und zurück am Zahlenstrahl

a) in Fünfzigersprüngen: 350, 400 … 750   900, 850 … 500
b) in Zehnersprüngen: 480, 490 … 610   940, 930 … 800

8 Vor und zurück am Zahlenstrahl: Finde die nächsten fünf Zahlen.

a) in Siebenersprüngen:
350, 357, 364 …

b) in Elfersprüngen:
622, 633, 644 …

c) in Neunersprüngen:
999, 990, 981 …

9 Welche Zahl könnte es sein? Erkläre.

a)

b)

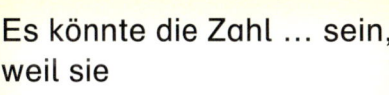

Es könnte die Zahl … sein,
weil sie
▶ nahe bei … liegt.
▶ zwischen … und … liegt.
▶ …

c)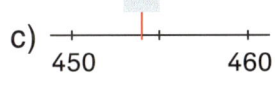

d)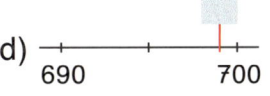

e)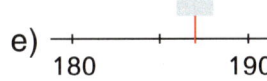

f)

10 Wie heißt die Zahl genau in der Mitte?

a)

b)

c)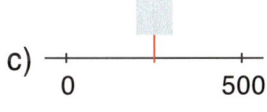

d)

e)

f)

 Zeichne selbst einen Zahlenstrahl von 0 bis …

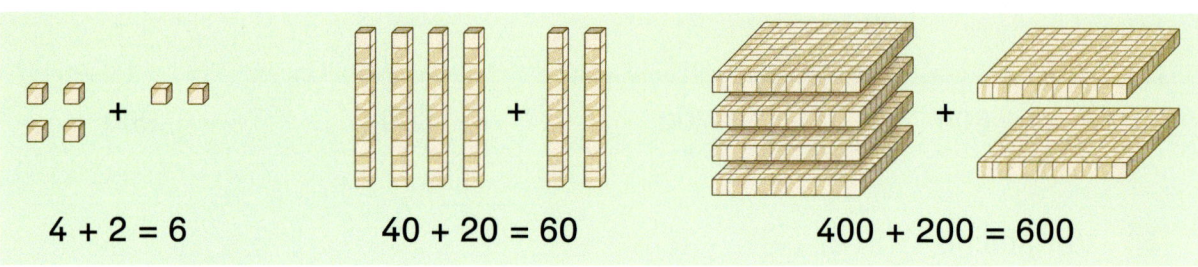

$4 + 2 = 6$ $40 + 20 = 60$ $400 + 200 = 600$

1 Lege und rechne.

a) $5 + 3$ b) $7 + 2$ c) $9 - 4$ d) $8 - 6$
   $50 + 30$ $70 + 20$ $90 - 40$ $80 - 60$
  $500 + 300$ $700 + 200$ $900 - 400$ $800 - 600$

2 Entdeckerpäckchen

a) $700 + 300$ b) $300 + 150$ c) $400 - 200$ d) $170 - 60$
   $600 + 300$ $300 + 250$ $500 - 200$ $270 - 60$
   $500 + 300$ $300 + 350$ $600 - 200$ $370 - 60$
   ▢ + ▢   ▢ + ▢   ▢ − ▢   ▢ − ▢

3 Entdeckerpäckchen: Schreibe deine Entdeckungen auf. Setze fort.

a) $500 + 70$ b) $230 + 8$ c) $450 - 20$ d) $330 - 4$
   $400 + 170$ $250 + 18$ $550 - 20$ $340 - 14$
   $300 + 270$ $270 + 28$ $650 - 20$ $350 - 24$
   ▢ + ▢   ▢ + ▢   ▢ − ▢   ▢ − ▢

4 Rechne. Was fällt dir auf? Schreibe auf.

a) $6 - 3$ b) $700 - 300$ c) $80 - 50$
   $906 - 3$ $770 - 300$ $480 - 50$
   $946 - 3$ $777 - 300$ $487 - 50$

Achte auf H, Z und E!

5 Rechne.

a) $516 + 3$ b) $445 + 4$ c) $322 + 5$ d) $952 + 4$
   $516 + 30$ $445 + 40$ $322 + 50$ $952 + 40$

e) $368 - 4$ f) $589 - 7$ g) $669 - 5$ h) $764 - 3$
   $368 - 40$ $589 - 70$ $669 - 50$ $764 - 30$

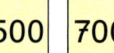 Finde zu den Ergebnissen Plus- und Minusaufgaben.
Schreibe sie auf.

| 500 | 700 | 480 | 670 | 330 |

70 + 70?
Ich rechne die einfache
Aufgabe 7 + 7 = 14.
7 Z + 7 Z = 14 Z,
das sind 140.

6 Rechne.

a) 7 + 7
   70 + 70

b) 8 + 8
   80 + 80

c) 6 + 6
   60 + 60

d) 9 + 9
   90 + 90

7 Rechne.

a) 8 + 5
   80 + 50

b) 7 + 4
   70 + 40

c) 9 + 3
   90 + 30

d) 6 + 5
   60 + 50

e) 7 + 6
   70 + 60

f) 6 + 9
   ☐ + ☐

g) 4 + 8
   ☐ + ☐

h) 3 + 9
   ☐ + ☐

i) 7 + 8
   ☐ + ☐

j) 5 + 7
   ☐ + ☐

8 Rechne.

a) 12 − 4
   120 − 40

b) 14 − 8
   140 − 80

c) 13 − 5
   130 − 50

d) 15 − 7
   150 − 70

e) 12 − 9
   120 − 90

f) 15 − 6
   ☐ − ☐

g) 11 − 7
   ☐ − ☐

h) 16 − 9
   ☐ − ☐

i) 11 − 4
   ☐ − ☐

j) 13 − 4
   ☐ − ☐

9 Rechne.

a) 30 − 3
   300 − 30
   300 − 3

b) 50 − 5
   500 − 50
   500 − 5

c) 20 − 9
   200 − 90
   200 − 9

d) 70 − 8
   700 − 80
   700 − 8

Zehner!
Einer!

10 Überlege: Was verändert sich von Aufgabe zu Aufgabe?
Rechne. Was verändert sich im Ergebnis? Markiere im Heft.

a) 80 + 20
   80 + 30
   80 + 35
   84 + 35

b) 60 + 40
   60 + 50
   60 + 52
   64 + 52

c) 50 + 50
   50 + 70
   54 + 70
   54 + 75

a) 80 + 20 = 100
   80 + 30 = 110
   80 + 35 = ☐
   84 + 35 = ☐

11 Rechenhäuser:
Zeichne und rechne.

700	
300	
200	
250	
350	

900	
600	
640	
440	
310	

12 Rechenhäuser: Denke dir auch noch
ein Haus zu 440, 630 und 704 aus.

400	
370	
375	
327	
307	

600	
585	
	532
561	
	517

800	
398	
	427
246	
	603

Wer trifft die 100?

Juhu!
97 + 3 = 100
Gewonnen!

Die 100 ist Start und Ziel.

Anni	Anton
100 + 4	= 104
104 − 5	= 99
99 + 3	= 102
102 + 1	= 103
103 − 6	= 97
97	

1 Erkläre die Spielregel.

 2 Spiele das Spiel mit deinem Partner.
Ihr könnt auch größere Hunderterzahlen als Start und Ziel (200, 500 …) wählen.

3 Über und unter 100: Rechne.

Ich rechne so:
103 − 7 = ☐
103 − 3 − 4 = 96

a)	b)	c)	d)
103 − 7	97 + 5	106 − 9	98 + 5
101 − 2	94 + 8	103 − 7	92 + 9
105 − 6	99 + 4	107 − 8	96 + 9

4 Über und unter den Hunderter: Rechne.

a)	b)	c)	d)	e)
697 + 5	603 − 7	898 + 5	206 − 9	390 + 12
394 + 8	905 − 6	392 + 9	703 − 7	610 − 18
199 + 4	401 − 3	496 + 4	507 − 8	790 + 15
596 + 8	806 − 9	793 + 9	604 − 7	820 − 25

5 Überlege: Was verändert sich von Aufgabe zu Aufgabe?
Rechne. Was verändert sich im Ergebnis? Markiere im Heft.

a)	b)	c)	d)
80 + 60	70 + 80	120 − 60	160 − 80
83 + 60	74 + 80	125 − 60	164 − 80
83 + 62	74 + 82	125 − 61	164 − 82
83 + 67	74 + 86	125 − 65	164 − 84

Einer?
Zehner?
Einer und Zehner?

6 Bilde Päckchen wie bei Aufgabe 5.

Aufgaben an der Hundertertafel

1	2	3	4	5	6	7	8	9	10
11	12	13	14	15	16	17	18	19	20
21	22	23	24	25	26	27	28	29	30
31	32	33	34	35	36	37	38	39	40
41	42	43	44	45	46	47	48	49	50
51	52	53	54	55	56	57	58	59	60
61	62	63	64	65	66	67	68	69	70
71	72	73	74	75	76	77	78	79	80
81	82	83	84	85	86	87	88	89	90
91	92	93	94	95	96	97	98	99	100

1 Suche mit der Schablone immer zwei Zahlen und addiere sie, z. B. 54 + 55 oder 48 + 58. Das Ergebnis soll größer sein als 100. Wie rechnest du diese Aufgaben?

2 Entdeckerpäckchen mit der Schablone: Rechne. Setze fort.

a) 23 + 24
33 + 34
43 + 44
☐ + ☐

b) 42 + 52
43 + 53
44 + 54
☐ + ☐

Was passiert mit dem Ergebnis?

3 Entdeckerpäckchen mit der Schablone: Rechne. Setze fort.

a) 43 + 44
53 + 54
☐ + ☐
☐ + ☐

b) 45 + 55
46 + 56
☐ + ☐
☐ + ☐

Was passiert mit dem Ergebnis? Erkläre: Warum ist das so?

4 Suche mit der Schablone die beiden passenden Zahlen.

a) ☐☐ 63, 83, 103, 123, 143, 145, 147, 151

b) ☐/☐ 72, 96, 98, 100, 104, 116, 136, 140

a)	6 3	=	3 1	+	3 2
	8 3	=		+	

5 Gibt es solche Entdeckerpäckchen wie bei Aufgabe 2 und 3 auch auf der Zweihundertertafel? Probiere aus. Das Tausender-Leporello auf S. 34 hilft.

6 Zauberkreuze an der Hundertertafel: Was fällt dir auf?

a)
42	43
52	53

b)
49	50
59	60

c)
61	62
71	72

d)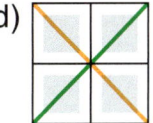

a)	4 2	+	5 3	=	
	4 3	+	5 2	=	

7 Begründe: Warum haben beide Aufgaben im Zauberkreuz das gleiche Ergebnis?

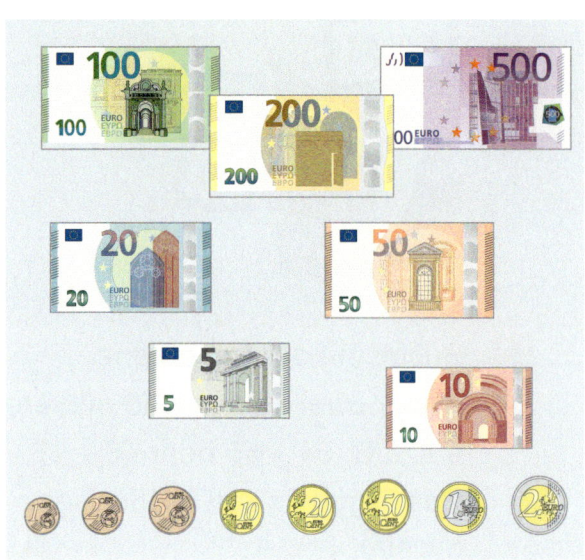

Ich muss noch 200 Euro abheben.

Bekommst du dann einen 200-Euro-Schein?

1 a) Wie viele Geldscheine und Münzen gibt es?

b) Welche Geldscheine könnte Antons Mutter bekommen. Finde alle Möglichkeiten.

2 Lege 300 Euro mit   a) 2 Scheinen   b) 3 Scheinen
c) 4 Scheinen   d) 5 Scheinen

a)   2 0 0 € , 1 0 0 €

3 Lege 600 Euro mit   a) 2 Scheinen   b) 3 Scheinen
c) 4 Scheinen   d) 5 Scheinen
e) 6 Scheinen   f) 7 Scheinen

a)   5 0 0 € , 1 0 0 €

Lege auch 200 Euro und 400 Euro jeweils mit der angegebenen Anzahl von Scheinen.

4 Verwende möglichst wenige Scheine und Münzen.

a) 700 €	b) 730 €	c) 743 €	d) 757 €	e) 789 €	f) 790 €
555 €	222 €	333 €	666 €	888 €	777 €
238 €	147 €	686 €	309 €	252 €	316 €

a)   7 0 0 € = 5 0 0 € + 2 0 0 €

5 Immer 900 Euro

a) Es sind drei Scheine, zwei davon sind gleich.

b) Es sind vier Scheine, zwei davon sind gleich.

c) Es sind sechs Scheine, vier davon sind gleich.

d) Es sind acht Scheine, sechs davon sind gleich.

Kannst du 1000 Euro mit 1, 2, 3, 4, 5, 6, 7, 8, 9, 10 … Scheinen legen?
Probiere und schreibe auf.

→ Beilage zum Schülerbuch: Rechengeld

1 € = 100 ct
Das Komma trennt
Euro und Cent.
9,50 € = 9 € 50 ct

1 Was kosten diese Sachen?

2 Trage die Preise der Sachen in eine Tabelle ein.

Euro		Cent		
	9	5	0	9, 5 0 €

3 Schreibe in € und ct.

a) 2,90 €   b) 1,75 €   c) 50,50 €
   5,20 €   63,98 €   10,05 €
   9,30 €   0,65 €   0,02 €

a) 2, 9 0 € =   €   ct

4 Schreibe als Kommazahl.

a) 4 € 5 0 ct = 4, 5 0 €

a) 4 € 50 ct   b) 5 € 25 ct   c) 65 € 65 ct   d) 51 € 5 ct   e) 99 ct
   6 € 30 ct   2 € 85 ct   82 € 99 ct   9 € 2 ct   75 ct
   8 € 70 ct   9 € 44 ct   10 € 38 ct   34 € 8 ct   4 ct

5 Setze richtig ein: >, <, =

a) 178 ct ◯ 1,70 €   b) 1 € 6 ct ◯ 1,60 €   c) 2,07 € ◯ 2 € 70 ct
    95 ct ◯ 9,05 €   4 € 90 ct ◯ 4,09 €   7,10 € ◯ 7 € 10 ct
   100 ct ◯ 0,10 €   8 € 25 ct ◯ 8,25 €   5,59 € ◯ 5 € 95 ct

6 Ergänze auf 1 Euro.

a) 0, 9 0 € +   € = 1, 0 0 €

a) 0,90 €   b) 0,60 €   c) 0,30 €   d) 0,50 €   e) 0,70 €   f) 0,10 €

7 Ergänze auf 1 Euro.

a) 0, 5 5 € +   € = 1, 0 0 €

a) 0,55 €   b) 0,76 €   c) 0,28 €   d) 0,42 €   e) 0,11 €   f) 0,37 €

8 Ergänze auf 5 Euro.

a) 2,27 €   b) 1,96 €   c) 3,08 €   d) 0,57 €   e) 4,45 €   f) 0,06 €

9 Ordne die Preise der Größe nach.

a) 0,80 € 80,00 € 0,08 € 8,80 €   b) 20,50 € 2,50 € 20,05 € 2,05 €

c) 1,99 € 10,99 € 0,99 € 1,09 €   d) 6,87 € 8,76 € 6,78 € 7,68 €

An der Schule von Anton und Anni findet
ein Kinderflohmarkt statt.
Viele Kinder verkaufen Spielzeug und andere Sachen.

Auf einem Flohmarkt kann man Sachen günstiger kaufen. Sie sind zwar gebraucht, aber oft noch gut erhalten.

1 Anton hat nach einer Stunde
4 Konsolenspiele für je 8 Euro
und 3 CDs für je 3,50 Euro verkauft.
Wie viel Euro hat er insgesamt
eingenommen?

In Schritten lösen

4 Spiele:

3 CDs:

zusammen:

Antwort: Er hat ☐ € eingenommen.

2 Anni hat 3 Bücher für je 2 Euro
und 2 Brettspiele für je 6,50 Euro
verkauft.
Wie viel Euro hat sie eingenommen?

In Schritten lösen

3 Bücher:

2 Spiele:

zusammen:

Antwort: Sie hat ☐ € eingenommen.

3 Emilio kauft auf dem Flohmarkt 5 CDs für je 3 Euro, 2 Bücher für je 4 Euro und
3 Kartenspiele für je 3 Euro. Wie viel Euro muss er insgesamt bezahlen?

4 Lena kauft 2 CDs für je 2 Euro
und ein Spiel für 3,50 Euro. Sie
bezahlt mit einem 10-Euro-Schein.
Wie viel Geld bekommt sie zurück?

In Schritten lösen

2 CDs:

1 Spiel:

zusammen:

Rückgeld:

Antwort: Sie bekommt ☐ € zurück.

5 Frau Müller kauft bei Anni 4 Bücher für je 2,50 Euro, 2 CDs für je 3 Euro und
2 Brettspiele für 4 Euro und 5,50 Euro. Sie bezahlt mit einem 20-Euro-Schein
und einem 10-Euro-Schein. Wie viel Geld bekommt Frau Müller zurück?

6 Noemi hat 9 Bücher und verkauft sie für je 3,50 €. Nach einiger Zeit hat sie 17,50 €
eingenommen. Wie viele Bücher hat Noemi noch übrig?

Schreibe selbst Aufgaben zum Kinderflohmarkt. Gib sie einem Partner zum Lösen.

Schule in der Kiste

Das ist eine „Schule in der Kiste". In manchen Ländern der Welt werden Schulen zerstört, zum Beispiel durch Kriege oder Erdbeben. Die Organisation UNICEF sammelt Geld, damit Kinder auch hier wieder zur Schule gehen können. Von dem Geld kann zum Beispiel eine „Schule in der Kiste" gekauft werden. In dieser Kiste sind Materialien für 40 Schüler und einen Lehrer.

Spendenliste

40 Schiefertafeln	20 €
40 Sets mit Wachsmalkreiden	20 €
40 Schulhefte, liniert	6 €
40 Schulhefte, kariert	6 €
80 Radiergummis	12 €
40 Anspitzer	8 €
84 Bleistifte	5 €
40 Scheren	8 €
40 Schultaschen	47 €
40 Lineale	8 €
1 stabile Metallbox	10 €
Lehrermaterial (Tafelfarbe, Pinsel, Kreide und vieles mehr)	50 €

1 Diese Materialien sind in **einer** Kiste.

a) Wie viel Euro müssen gesammelt werden, damit eine Kiste verschickt werden kann?

 b) Wie viel Euro braucht man für zwei, drei, vier … Kisten? Lege eine Tabelle an.

2 Einige Kinder der Klasse 3b spenden Geld: Anton 12 €, Anni 7 €, Jana 10 €, Paul doppelt so viel wie Anni. Frau Müller spendet auch etwas. Zusammen sind es 80 €.

In Schritten lösen

Spenden der Kinder:		€
Spende von Frau Müller:		€
zusammen:		€

a) Wie viel Euro spendet Frau Müller?

b) Was könnten sie davon für die „Schule in der Kiste" kaufen. Schreibe auf.

c) Die Eltern der vier Kinder möchten den restlichen Betrag spenden, damit eine komplette Kiste gekauft werden kann. Wie viel Euro müssen sie spenden?

 3 Auf dem Kinderflohmarkt wurden Spendendosen für diese Aktion aufgestellt. In der ersten Dose waren 120 €, in der zweiten Dose 60 €. Wie viel Geld fehlt noch, damit eine weitere „Schule in der Kiste" gespendet werden kann?

 4 Im Jahr 2009 wurden für diese Länder „Schulen in der Kiste" angeschafft.

a) Wie viele Kisten wurden insgesamt gespendet?

b) Wie viel Euro mussten für die Kisten in Ghana gesammelt werden?

c) Wie viele Kinder können in Afrika mit den Kisten unterrichtet werden?

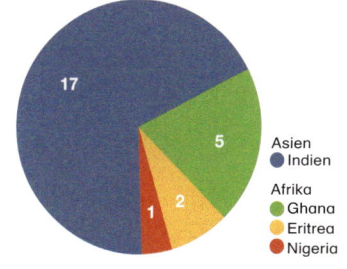

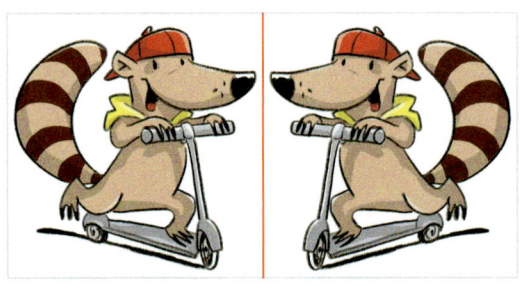

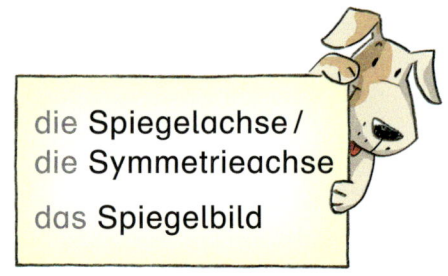

die Spiegelachse /
die Symmetrieachse

das Spiegelbild

 1 Vergleiche Fredos Bild mit dem Spiegelbild.
Was ist gleich? Was ist anders?

2 Spiegelbilder: ja oder nein? Begründe deine Entscheidung.

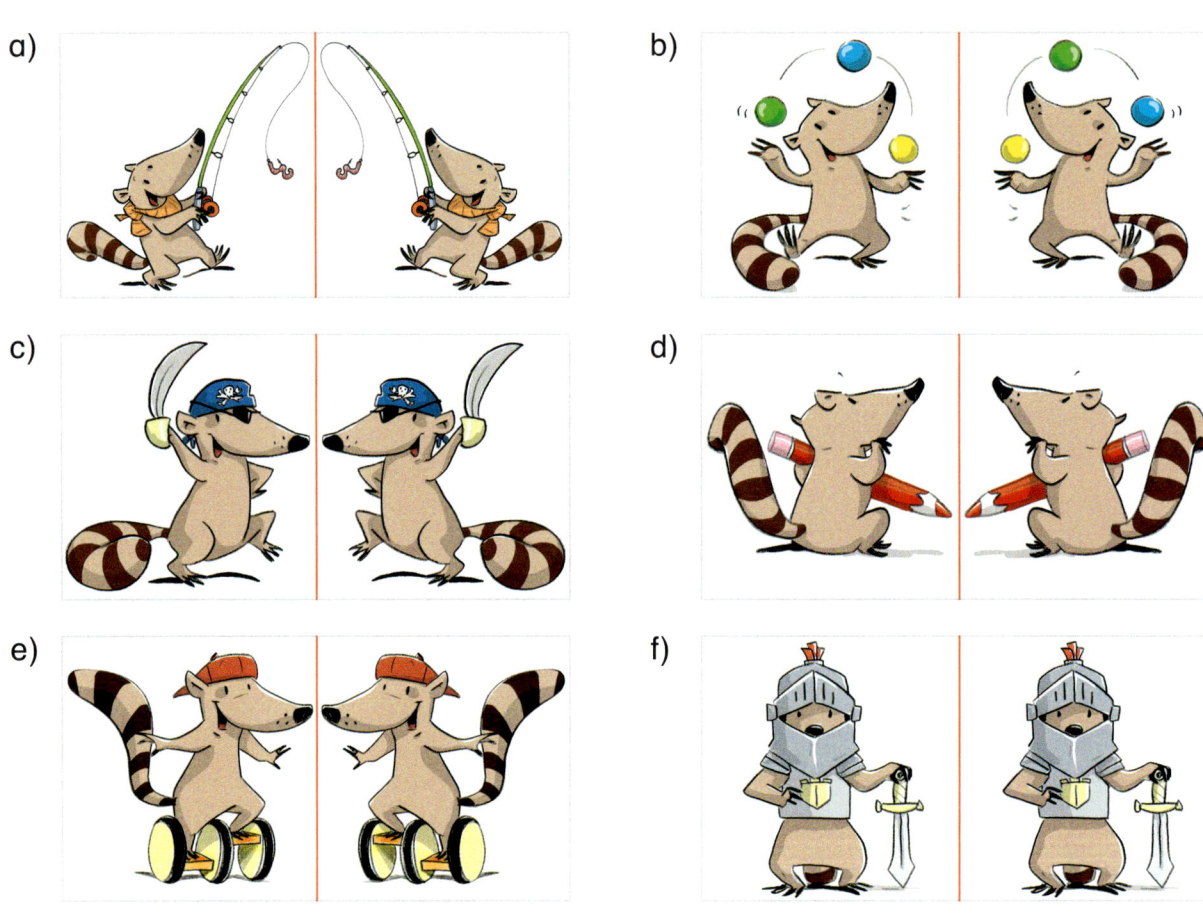

a)

b)

c)

d)

e)

f)

3 Spiegelschrift: Wo musst du den Spiegel hinstellen,
um den Namen richtig lesen zu können?

a) oben

links 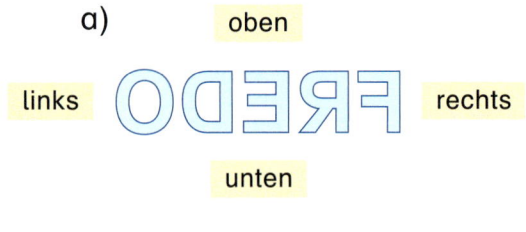 rechts

unten

b)

 Schreibe deinen und andere Namen in Spiegelschrift.

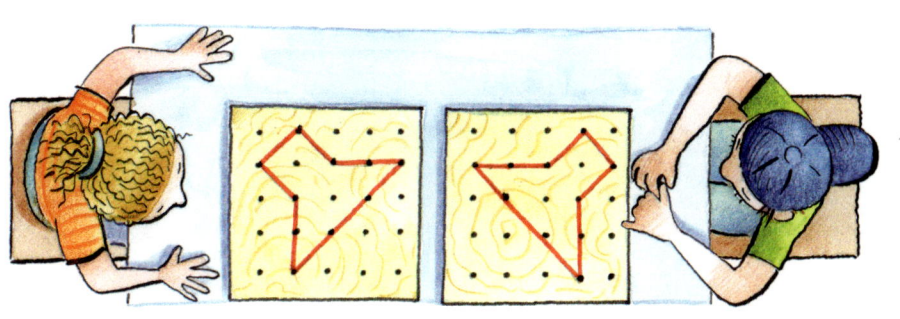

Ich habe das Spiegelbild gespannt. Ich habe die Nägel abgezählt.

 1 Spannt Bild und Spiegelbild wie Anni und Anton. Überprüft mit dem Spiegel.

2 Spanne zu den Bildern das passende Spiegelbild. Die rote Linie soll die Spiegelachse sein. Zeichne deine Lösung auf ein Punktefeld.

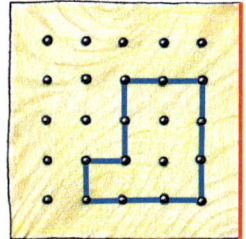  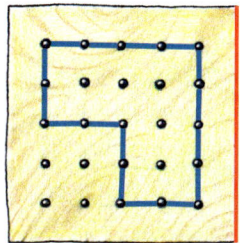 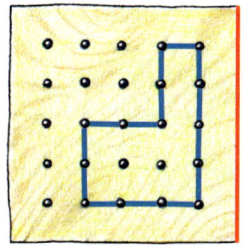

3 Spanne zu den Bildern das passende Spiegelbild. Die rote Linie soll die Spiegelachse sein. Zeichne deine Lösung auf ein Punktefeld.

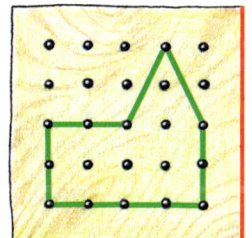 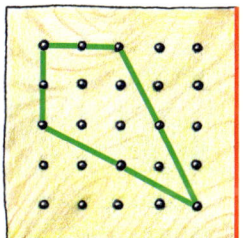 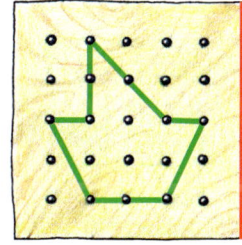 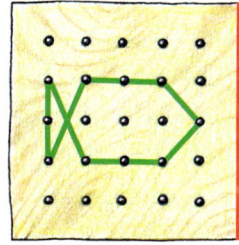

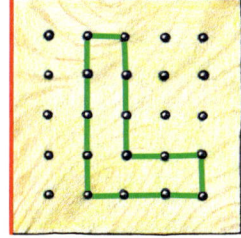 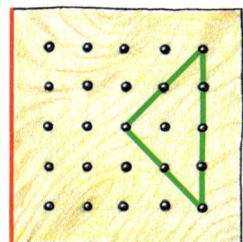 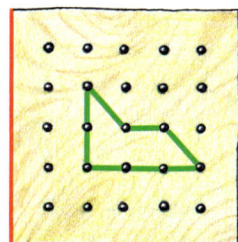 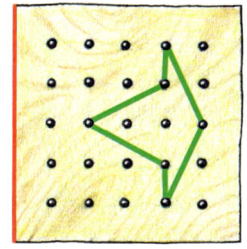

4 Achtung Fehler! Zeichne jeweils das Bild und das richtige Spiegelbild auf ein Punktefeld.

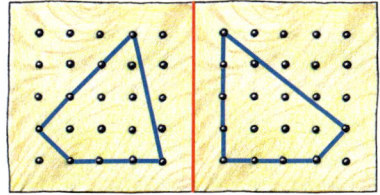 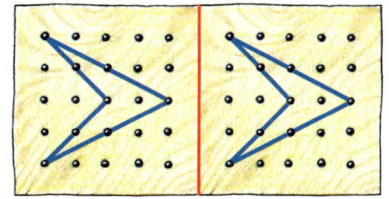 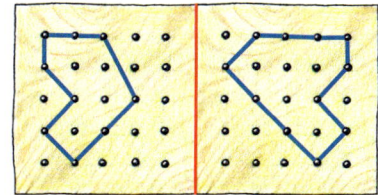

Du kannst den Pulsschlag an verschiedenen Stellen am Körper messen.

1 Messt immer eine Minute lang euren Puls. Notiert. Vergleicht miteinander.

Name	Ruhepuls	Pulsschlag nach 20 Kniebeugen	Pulsschlag nach 20 Hampelmännern
Anni	80	100	116

2

Wie lange dauert es, 10-mal um den Stuhl zu laufen?

Das stoppe ich mit einer Stoppuhr!

> 1 Minute hat 60 Sekunden.
> 1 min = 60 s

Probiert aus. Notiert. Vergleicht miteinander.

3 Betrachte den Sekundenzeiger einer Uhr bei seiner Runde.

a) Zähle die Sekunden mit.

b) Klopfe die Sekunden auf dem Tisch mit.

4

Tier	Pulsschlag	
	30 s	60 s
Katze	110	
Giraffe	60	
Tiger	40	
Pferd	22	
Elefant	15	

5

Tier	Pulsschlag	
	15 s	60 s
Kanarienvogel	250	
Maus	160	
Goldhamster		240
Kaninchen		204
Kolibri	320	

Berechne den Ruhepuls der Tiere in 1 Minute. Vergleiche mit deinem Ruhepuls.

6 Schätzt zuerst. Messt dann die benötigte Zeit mit einer Stoppuhr oder mit dem Sekundenzeiger einer Uhr. Notiert.

a) Wie viele Sekunden könnt ihr …

… Aaaaaa sagen, ohne Luft zu holen?

… die Luft anhalten?

… auf einem Bein stehen?

… den Schulranzen hochhalten?

… auf Zehenspitzen stehen?

…?

b) Wie viele Sekunden braucht ihr, …

… um einen Stift anzuspitzen?

… um das ABC aufzuschreiben?

… um den Schulranzen auszuräumen?

 Was kannst du in einer Minute tun?

Wie lange brauchst du, um ihn wieder ordentlich einzuräumen?

7 Immer 1 Minute: Ergänze.

a) 10 s, 20 s, 30 s, 40 s, 50 s
b) 15 s, 45 s, 35 s, 55 s, 25 s

$$1\ 0\ s\ +\ \boxed{}\ s\ =\ 1\ min$$

8 a) Immer 1 Minute: Ergänze.

$$5\ 6\ s\ +\ \boxed{}\ s\ =\ 1\ min$$

56 s, 11 s, 28 s, 51 s, 19 s, 6 s, 32 s, 43 s, 8 s

b) Immer 2 Minuten: Ergänze.

72 s, 59 s, 27 s, 4 s, 101 s, 15 s, 92 s, 36 s, 69 s

Beachte: 1 Minute hat 60 Sekunden.

9 Wie viele Sekunden haben 1, 2, 3, 4 … 10 Minuten?

min	1	2	3	…
s	60	120		

10 Anton behauptet, eine Schulstunde dauert 1 000 Sekunden. Kann das sein? Begründe.

1 Anton und Anni drehen den Kreisel 50-mal. Vermute: Hat Anni recht?

2 Baut einen Kreisel wie Anni und Anton. Die Anleitung hilft euch. Färbt den Kreisel so ein wie bei Anni und Anton.

a) Dreht den Kreisel mindestens 50-mal und notiert die Ergebnisse.
b) Vergleicht eure Ergebnisse mit anderen Zweiergruppen.
c) Sammelt die Ergebnisse in der Klasse.
d) Ändern sich die Ergebnisse, wenn ihr den Kreisel so einfärbt? Begründet eure Meinung.

Bastelanleitung

Nehmt ein Quadrat aus Pappe. Die Seitenlänge soll 6 cm sein. Verbindet die Eckpunkte mit Lineal und Bleistift. In die Mitte steckt ihr einen Zahnstocher.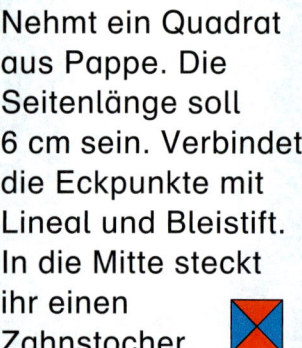

3 Baut einen weiteren Kreisel und färbt drei Dreiecke rot und ein Dreieck blau.

a) Vermutet: Welche Farbe gewinnt?
b) Überprüft: Dreht den Kreisel 20-mal und notiert die Ergebnisse.
c) Vergleicht eure Ergebnisse miteinander.

sicher   wahrscheinlich
möglich   unwahrscheinlich
unmöglich

Die Chance ist größer, dass ...

Die Chance ist groß, dass ...

4 Wie musst du deinen Kreisel einfärben, damit die folgenden Aussagen stimmen? Zeichne.

a) Es ist sicher, dass Rot gewinnt.
b) Es ist unmöglich, dass Rot gewinnt.
c) Die Chancen sind gleich groß, dass Rot oder Blau gewinnt.
d) Die Chance ist größer, dass Rot gewinnt.

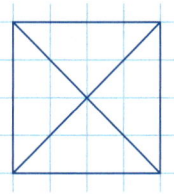

Gewinnregeln:

1) Du gewinnst bei Rot.
2) Du gewinnst bei Rot oder Blau.
3) Du gewinnst bei Grün.
4) Du gewinnst bei Rot, Grün oder Blau.
5) Du gewinnst bei Blau.
6) Du gewinnst bei Grün oder Blau.

5 Wähle eine der Regeln aus, bei der …

a) … es sicher ist, dass du gewinnst.
b) … es möglich ist, dass du gewinnst.
c) … die Chance groß ist, dass du gewinnst.

6 Suche dir zwei Regeln aus, bei denen die Chance gleich groß ist zu gewinnen.

7 Ordne die Regeln nach ihren Gewinnchancen. Begründe.

Bei Regel … gibt es insgesamt … Gewinnfelder.

8 Denke dir eine Regel aus, bei der es unmöglich ist zu gewinnen.

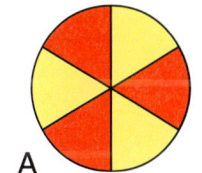 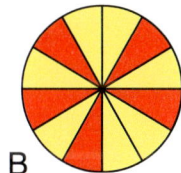

Du gewinnst bei …

9 Bei welchem Rad ist die Chance größer, dass Rot gewinnt? Begründe.

A   B

10 Beschreibe, wie du Rad B bei Aufgabe 9 verändern müsstest, damit die Chance, dass Rot gewinnt, genauso groß ist wie bei Rad A.

11 Schätze ab: Wo ist die Chance größer oder kleiner, dass Blau gewinnt?

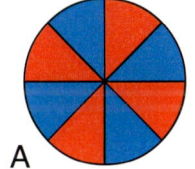 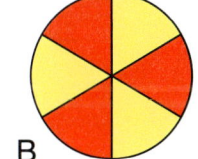   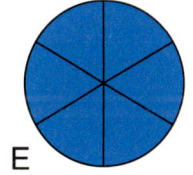 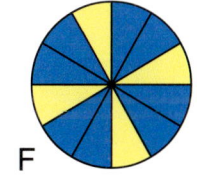

A   B   C   D   E   F

Zeichne die Skala in dein Heft und ordne die Buchstaben der Räder passend an.

unmöglich   sicher

B   A

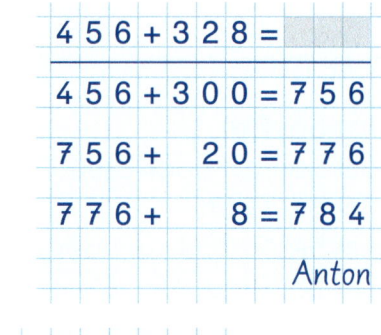

```
456 + 328 =
456 + 300 = 756
756 +  20 = 776
776 +   8 = 784
              Anton
```

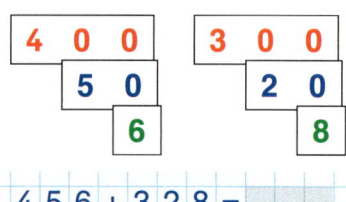

456+328

```
456 + 328 =
456 +    4 = 460
460 + 300 = 760
760 +  24 = 784
              Anni
```

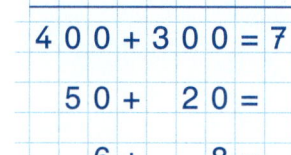

```
456 + 328 =
400 + 300 = 700
 50 +  20 =  70
  6 +   8 =  14
700 + 70 + 14 = 784
              Ali
```

```
456 + 328 =
456 +   8 = 464
464 +  20 = 484
484 + 300 = 784
              Kim
```

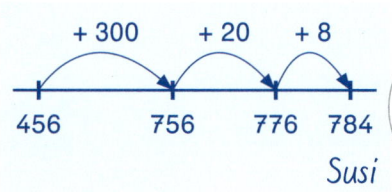

456   756   776   784

Susi

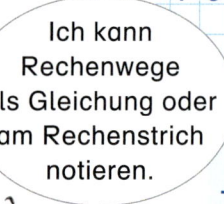

Ich kann Rechenwege als Gleichung oder am Rechenstrich notieren.

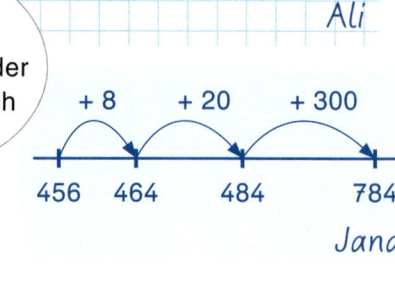

456   464   484   784

Jana

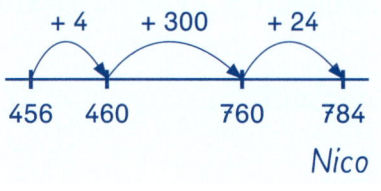

456   460   760   784

Nico

1 Welche Kinder haben den gleichen Rechenweg? Ist dein Rechenweg dabei? Welche Rechenwege passen zu welchem Werkzeugkoffer?

In Schritten vorwärts

Hunderter, Zehner und Einer getrennt

2 Rechne wie Susi am Rechenstrich.   3 5 2   4 0 0   3 0   6

352 + 436

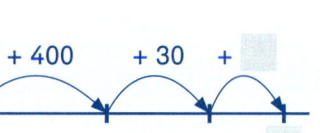
352   752   782

465 + 324

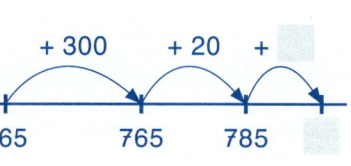
465   765   785

562 + 128

562   662

653 + 325

653

3 Gleichung oder Rechenstrich: Wie notierst du deinen Rechenweg?

a) 325 + 262   b) 532 + 354   c) 543 + 227   d) 565 + 314   e) 657 + 228
   425 + 263   432 + 356   743 + 137   145 + 214   647 + 212
   307 + 428   556 + 209   234 + 127   541 + 412   374 + 521

4 a) Anton rechnet zuerst 346 + 200.

Was muss Anton jetzt noch rechnen?

b) Rechne diese Aufgaben wie Anton am Rechenstrich.

Mit der Hunderterzahl

| 275 + 299 | 436 + 398 | 146 + 399 | 564 + 198 |

5 a) Rechne nur die fünf Aufgaben aus, die zum grünen Werkzeugkoffer passen.

| 356 + 198 | 356 + 124 | 523 + 273 | 298 + 345 | 446 + 452 |
| 599 + 376 | 362 + 234 | 214 + 499 | 345 + 237 | 523 + 198 |

b) Bilde selbst noch fünf weitere Aufgaben zum grünen Koffer.

6 Rechne auf deinem Weg.

a) 780 + 156	b) 570 + 243	c) 460 + 357	d) 680 + 199	e) 560 + 167
686 + 250	373 + 298	676 + 250	482 + 350	264 + 365
486 + 352	473 + 346	299 + 373	272 + 356	366 + 597

 Vergleicht eure Rechenwege.

7 Kannst du eine Aufgabe auch auf zweierlei Weise ausrechnen?
Notiere beide Rechenwege.

| 556 + 332 | 435 + 528 | 659 + 159 | 368 + 454 | 579 + 298 |

400 + 300	456 + 368	450 + 300	456 + 320

456 + 323	456 + 300	456 + 328

1 a) Schreibe die Aufgaben auf kleine Zettel. Ordne sie von leicht nach schwer.

b) Vergleicht: Wie habt ihr die Aufgaben geordnet?

c) Welche Aufgaben sind leichter zu lösen als die anderen? Warum?
Diese Ausdrücke können euch beim Erklären helfen.

glatte Hunderterzahl

glatte Zehnerzahl

gemischte Hunderterzahl

mit einer Stellenüberschreitung

mit zwei Stellenüberschreitungen

ohne Stellenüberschreitung

2 Ordne die Aufgaben von leicht nach schwer
und rechne sie aus.

536 + 100

530 + 100

536 + 152

536 + 158

500 + 100

536 + 188

536 + 150

Beispiel:
200 + 300 = 500
250 + 300 = 550
256 + 300 = 556
256 + 320 = 576
256 + 323 = 579
256 + 328 = 584
256 + 368 = 624

3 Rechne.

400 + 400
460 + 400
468 + 400
468 + 410
468 + 411
468 + 414
468 + 464

4 Von leicht nach schwer:
Ordne und rechne.

a) 630 + 200
635 + 278
635 + 253
635 + 200
635 + 258
600 + 200
635 + 250

b) 374 + 500
374 + 513
300 + 500
374 + 510
374 + 518
370 + 500
374 + 533

5 Von schwer nach leicht:
Bilde immer sieben
Aufgaben. Beginne mit
diesen Aufgaben.

a) 457 + 268

b) 656 + 268

c) 448 + 488

6 Nutze das Ergebnis der ersten Aufgabe für die zweite Aufgabe.

a) 430 + 430
438 + 432

b) 280 + 430
285 + 435

c) 530 + 240
528 + 242

d) 230 + 340
235 + 348

e) 540 + 460
543 + 462

f) 380 + 520
384 + 524

g) 476 + 300
476 + 297

h) 156 + 400
156 + 398

Ich kann
64 + 23 im Kopf rechnen.
Dann kann ich auch
364 + 23 und
364 + 123 im Kopf
rechnen.

7 Rechne wie Anni.

a) 64 + 23
364 + 23
364 + 123

b) 48 + 32
248 + 32
248 + 432

c) Bilde selbst ähnliche Päckchen.

 8 a) Schau dir die Rechenwege der Kinder genau an. Entdeckst du die Fehler?
Erkläre.

b) Schreibe die Rechenwege richtig ins Heft.

347 + 228 = 555
―――――――――
347 + 200 = 547
547 + 8 = 555
Anton

123 + 247 = 730
―――――――――
123 + 200 = 323
323 + 40 = 723
723 + 7 = 730
Kim

427 + 299 = 626
―――――――――
427 + 300 = 727
727 + 1 = 728
Anni

235 + 298 = 534
―――――――――
235 + 300 = 535
535 − 1 = 534
Emilio

9 Welche Aufgaben rechnest du im Kopf?
Bei welchen Aufgaben schreibst du deinen Rechenweg auf?

a) 341 + 500
460 + 210
348 + 235

b) 699 + 234
423 + 423
452 + 304

c) 605 + 207
599 + 223
480 + 360

d) 209 + 356
376 + 618
384 + 437

e) 444 + 555
423 + 307
798 + 184

Vergleicht eure Lösungen. Habt ihr die gleichen Aufgaben im Kopf gerechnet?

10 Was fällt dir bei den Aufgaben und den Ergebnissen auf?
Notiere.

324 + 423   541 + 145   435 + 534   216 + 612   731 + 137

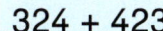

586 – 328 =
586 – 300 = 286
286 – 20 = 266
266 – 8 = 258

Anton

586 – 328

586 – 328 =
586 – 6 = 580
580 – 300 = 280
280 – 20 = 260
260 – 2 = 258

Anni

586 – 328 =
500 – 300 = 200
80 – 20 = 60
6 – 8
200 + 60 – 2 = 258

Ali

2 muss ich noch abziehen.

586 – 328 =
586 – 8 = 578
578 – 20 = 558
558 – 300 = 258

Kim

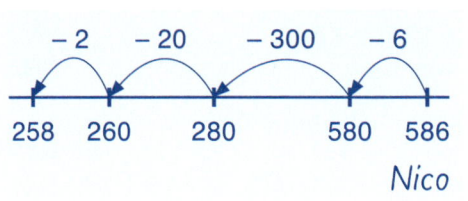
– 2   – 20   – 300   – 6
258   260   280   580   586

Nico

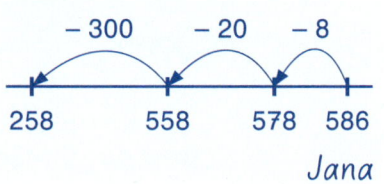
– 300   – 20   – 8
258   558   578   586

Jana

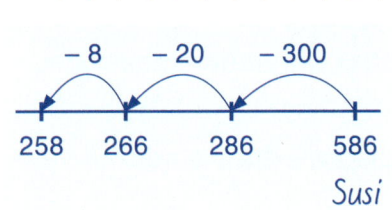
– 8   – 20   – 300
258   266   286   586

Susi

1 Welche Kinder haben den gleichen Rechenweg? Ist dein Rechenweg dabei? Welche Rechenwege passen zu welchem Werkzeugkoffer?

In Schritten zurück

Hunderter, Zehner und Einer getrennt

2 Rechne wie Susi am Rechenstrich.

752 – 531
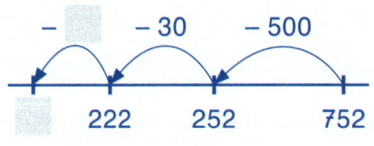
–   – 30   – 500
222   252   752

865 – 424
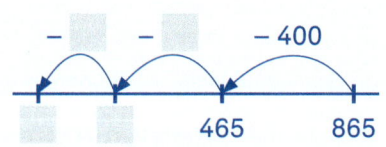
–   –   – 400
465   865

572 – 167
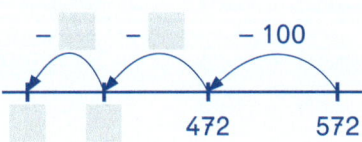
–   –   – 100
472   572

452 – 237
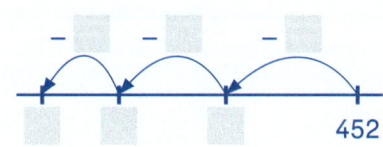
–   –   –
452

3 Gleichung oder Rechenstrich: Wie notierst du deinen Rechenweg?

a) 785 – 623
    755 – 423
    643 – 423

b) 825 – 314
    652 – 341
    652 – 423

c) 743 – 426
    743 – 429
    532 – 329

d) 592 – 387
    682 – 377
    764 – 455

e) 653 – 324
    542 – 324
    541 – 337

Geschickt rechnen

  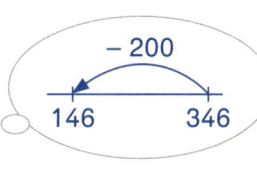

Gibt es für diese Aufgabe auch einen geschickten Rechenweg?

346 – 198

$$-200$$
146   346

1 a) Anton rechnet zuerst 346 – 200.
Was muss Anton jetzt noch rechnen?

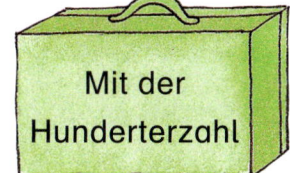

Mit der Hunderterzahl

b) Rechne diese Aufgaben wie Anton am Rechenstrich.

725 – 399   821 – 398   874 – 299   624 – 199   868 – 297

Mit der Hunderterzahl

2 Vervollständige die Rechenwege.

a) 725 – 199 = ▨

725 – 200 + ▨

b) 621 – 398 = ▨

621 – 400 + ▨

c) 874 – 298 = ▨

874 – ▨ + ▨

d) 524 – 299 = ▨

524 – ▨ ● ▨

3

Das sind Aufgaben für den rosa Koffer! Achte auf die Hunderter!

702 – 698   913 – 895
804 – 782   405 – 389
502 – 471   311 – 289
712 – 675   620 – 569

Warum?

Ergänzen

a) Vervollständige die Rechenwege.

702 – 698 = ▨

698 + ⟨2⟩ = 700
700 + ▨ = 702

698 + ▨ = 702

804 – 782 = ▨

782 + ⟨18⟩ = 800
800 + ▨ = 804

782 + ▨ = 804

502 – 471 = ▨

471 + ▨ = 500
500 + ▨ = ▨

471 + ▨ = ▨

712 – 675 = ▨

675 + ▨ =
▨ + ▨ =

▨ + ▨ =

b) Rechne auch die anderen vier Aufgaben auf diesem Weg.

4 Bilde weitere Aufgaben, die besonders gut …

a) … zum grünen Koffer passen.

b) … zum rosa Koffer passen.

Mit der Hunderterzahl

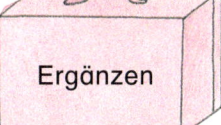

Ergänzen

750 − 300	756 − 300	700 − 300	756 − 328

756 − 324	756 − 320	756 − 358

1 a) Schreibe die Aufgaben auf kleine Zettel.

Ordne sie von leicht nach schwer. Versuche alle Aufgaben zu lösen.

b) Vergleicht. Diese Ausdrücke können euch dabei helfen:

glatte Hunderterzahl

mit einer Stellenüberschreitung

glatte Zehnerzahl

mit zwei Stellenüberschreitungen

gemischte Hunderterzahl

ohne Stellenüberschreitung

2 Ordne die Aufgaben von leicht nach schwer und rechne sie aus.

586 − 154

580 − 100

586 − 150   586 − 188

500 − 100   586 − 100

586 − 158

Beispiel:

600 − 200 = 400
650 − 200 = 450
656 − 200 = 456
656 − 220 = 436
656 − 223 = 433
656 − 228 = 428
656 − 258 = 398

3 Rechne.

600 − 200
640 − 200
645 − 200
645 − 230
645 − 231
645 − 238
645 − 248

4 Von leicht nach schwer: Ordne und rechne.

a) 630 − 200
635 − 238
635 − 223
635 − 200
635 − 228
600 − 200
635 − 220

b) 874 − 500
874 − 532
800 − 500
874 − 530
874 − 536
870 − 500
874 − 576

5 Von schwer nach leicht: Bilde immer sieben Aufgaben. Beginne mit diesen Aufgaben.

a) 427 − 229

b) 656 − 359

c) 734 − 438

6 Nutze das Ergebnis der ersten Aufgabe für die zweite Aufgabe.

a) 560 – 430
560 – 430
562 – 430

b) 680 – 450
686 – 451

c) 670 – 330
675 – 335

d) 476 – 300
476 – 299

e) 460 – 320
460 – 324

f) 580 – 240
580 – 247

g) 430 – 240
438 – 243

h) 367 – 200
367 – 198

Ich kann 64 – 32 im Kopf rechnen. Dann kann ich auch 364 – 32 und 364 – 132 rechnen.

7 Rechne wie Anni.

a) 64 – 32
364 – 32
364 – 132

b) 72 – 56
872 – 56
872 – 356

c) Bilde selbst ähnliche Päckchen.

8 a) Schau dir die Rechenwege der Kinder genau an. Entdeckst du die Fehler? Erkläre.

b) Schreibe die Rechenwege richtig ins Heft.

847 – 228 = 639

847 – 200 = 647
647 – 8 = 639
Anton

787 – 243 = 184

787 – 200 = 587
587 – 40 = 187
187 – 3 = 184
Kim

427 – 299 = 126

427 – 300 = 127
127 – 1 = 126
Anni

535 – 298 = 236

535 – 300 = 235
235 + 1 = 236
Emilio

9 Welche Aufgaben rechnest du im Kopf?
Bei welchen Aufgaben schreibst du deinen Rechenweg auf?

a) 541 – 300
460 – 210
390 – 270

b) 699 – 230
823 – 423
452 – 308

c) 605 – 207
607 – 205
480 – 367

d) 809 – 350
876 – 618
884 – 499

e) 555 – 333
423 – 307
795 – 198

 Vergleicht eure Lösungen. Habt ihr die gleichen Aufgaben im Kopf gerechnet?

10 Was fällt euch bei den Aufgaben und den Ergebnissen auf? Notiert.

222 – 210   444 – 321   666 – 432   888 – 543

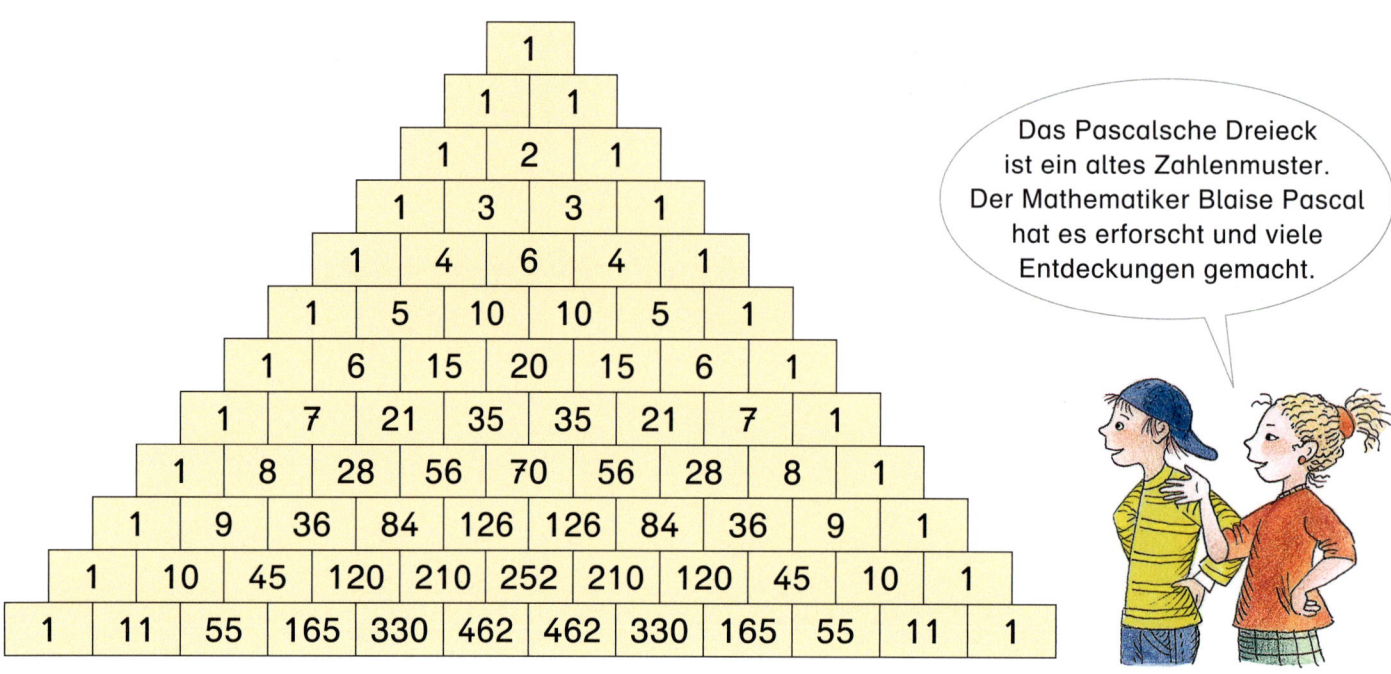

Das Pascalsche Dreieck ist ein altes Zahlenmuster. Der Mathematiker Blaise Pascal hat es erforscht und viele Entdeckungen gemacht.

1 a) Untersuche das Pascalsche Dreieck. Markiere deine Entdeckungen und schreibe sie auf.

b) Schau dir die Entdeckungen deines Partners an. Kannst du sie erklären? Frage deinen Partner, wenn du etwas nicht verstehst.

c) Stellt eure Entdeckungen in der Klasse vor.

2 Ausschnitte aus dem Zahlendreieck:
Zeichne in dein Heft und ergänze die fehlenden Zahlen.

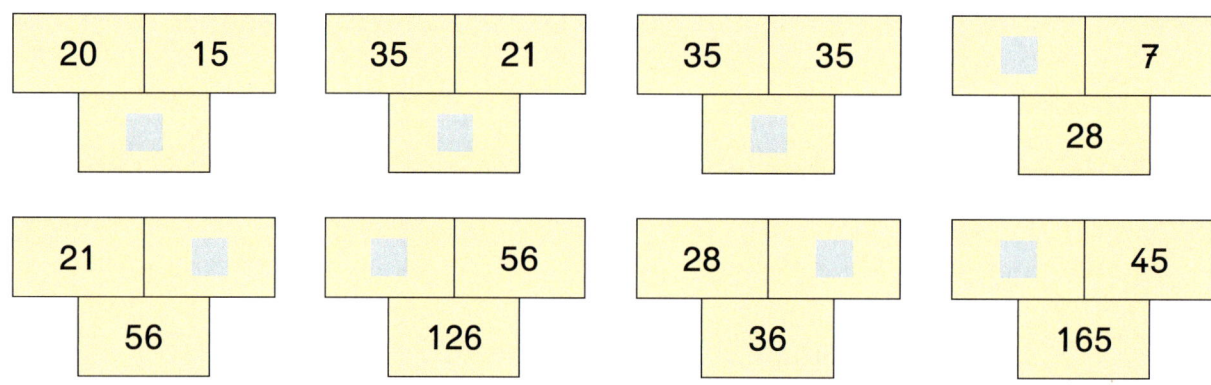

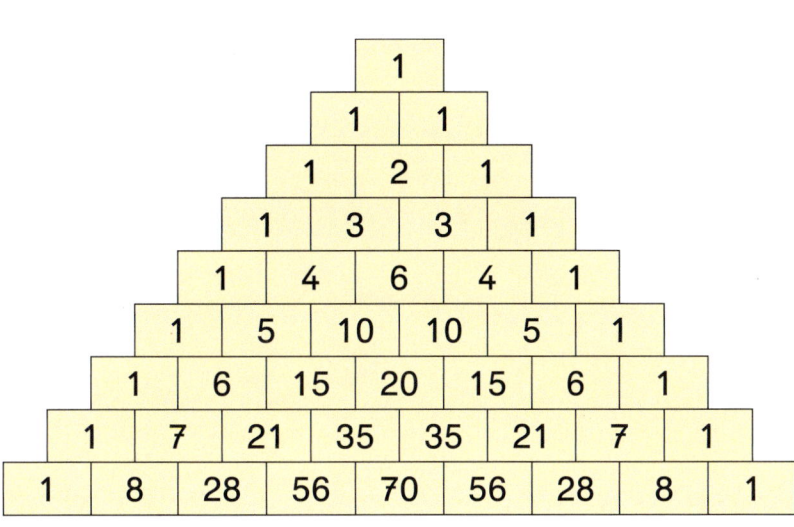

das **Muster**
die **Reihe**
diagonal
symmetrisch

3 a) Färbe im Pascalschen Dreieck alle Zahlen der Fünferreihe. Was fällt dir auf?

b) Färbe im Pascalschen Dreieck alle Zahlen der Dreierreihe. Was fällt dir auf?

 c) Stellt euch eure Entdeckungen vor. Erklärt auch, was ihr herausgefunden habt. Findet ihr eine Gemeinsamkeit? Schreibt auf, was euch aufgefallen ist.

d) Sprecht in eurer Klasse über eure Entdeckungen.

4 Addiere im Pascalschen Dreieck jeweils die Zahlen, die in einer Reihe stehen. Wie weit kommst du?

$1 + 1 =$

$1 + 2 + 1 =$

$1 + 3 + 3 + 1 =$

$1 + 4 + 6 + 4 + 1 =$

Bei den Ergebnissen fällt mir etwas auf!

 Diese Zahlen heißen Dreieckszahlen.

a) Wie geht die Reihe weiter? Zeichne und schreibe auf.

1

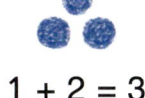

$1 + 2 = 3$

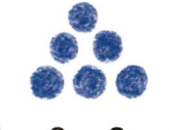

$1 + 2 + 3 = 6$

$1 + 2 + 3 + 4 = 10$

b) Markiere die Dreieckszahlen im Pascalschen Dreieck. Was fällt dir auf?

 1 Baut Kantenmodelle von Würfel und Quader.
Bevor ihr mit dem Bauen beginnt, überlegt zuerst, wie viele Strohhalme und
Knetkügelchen ihr braucht. Sind alle Kanten (Strohhalme) gleich lang?

2 Antons Quader hat drei verschiedene
Kantenlängen und Annis nur zwei.
Wer hat welchen Körper gebaut?

3 Vergleiche Würfel und Quader.
Was ist gleich? Was ist anders?

> An der Kante
> stoßen zwei Flächen
> aneinander.

4 Wege am Kantenmodell

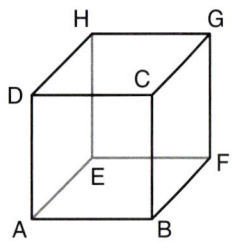

a) Starte bei A. Gehe nach rechts – nach oben – nach hinten – nach unten.
Bei welcher Ecke landest du?

b) Starte bei H. Gehe nach unten – nach vorne – nach oben – nach hinten.
Bei welcher Ecke landest du?

c) Stellt euch gegenseitig solche Aufgaben.

d) Starte bei D. Gehe drei Kanten entlang.
Welche Wege kannst du gehen?
Finde verschiedene Möglichkeiten.

d)   D – A – B – F

5 a) Untersuche diese Körper.

Körper	Anzahl der Ecken	Anzahl der Kanten	Anzahl der Flächen
Würfel			
Quader			
Pyramide			

> Beim Zylinder sind die Kanten nicht gerade. Sie sind gekrümmt.

 b) Vergleicht eure Tabellen.

 c) Vergleicht eure Tabellen in der Klasse.

6 Welcher Körper ist gemeint? Ergänze den Text.

Eine ... hat keine Ecken und Kanten.

Ein ... hat keine Ecken, aber 2 Kanten.

> Zu einem Körper gibt es zwei Beschreibungen.

Ein ... hat 8 Ecken und 12 Kanten. Alle 6 Flächen sind Quadrate.

Ein ... hat 8 Ecken und 12 Kanten. Alle 6 Flächen sind Rechtecke.

Ein ... hat eine Ecke und eine Kante.

Ein ... hat 6 Flächen, davon sind 2 Quadrate und 4 Rechtecke.

Eine ... hat 5 Flächen.

7 Welchen Körper wollen die Kinder bauen? Immer ein Teil fehlt.

Quirin baut ...

Ihm fehlt ...

1 a) Findet so viele Würfelnetze wie möglich.
Überprüft durch Falten,
ob ein Würfel entsteht.

Zwei Würfelnetze sind deckungsgleich, wenn sie genau aufeinander passen.

b) Sammelt deckungsgleiche Würfelnetze
immer auf einem Stapel.

c) Nehmt von jedem Stapel ein Würfelnetz und ordnet diese auf
einem Plakat.

2 a) Vergleicht euer Plakat mit den Plakaten der anderen Gruppen.
Haben sie noch andere Würfelnetze gefunden?

b) Es gibt 11 **verschiedene** Würfelnetze.
Habt ihr alle gefunden?

das Würfelnetz
deckungsgleich

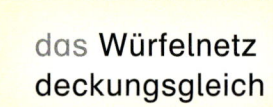

3 Warum können dies keine Würfelnetze sein? Begründe.

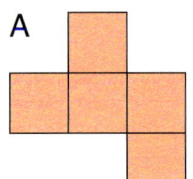
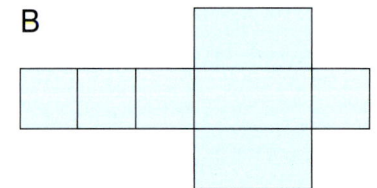
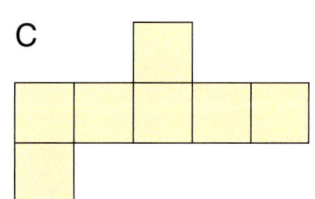

A   B   C

4 Übertrage die Figuren in dein Heft und ergänze sie zu Würfelnetzen.
Finde für A, B und C mehrere Möglichkeiten.

A   B   C

 Vergleicht eure Lösungen.

5 Anni hat die Flächen, die sich im Würfel gegenüberliegen, in der gleichen Farbe gefärbt. Bei einigen Würfelnetzen hat sie einen Fehler gemacht.
Übertrage die falsch gefärbten Netze in dein Heft und färbe richtig.

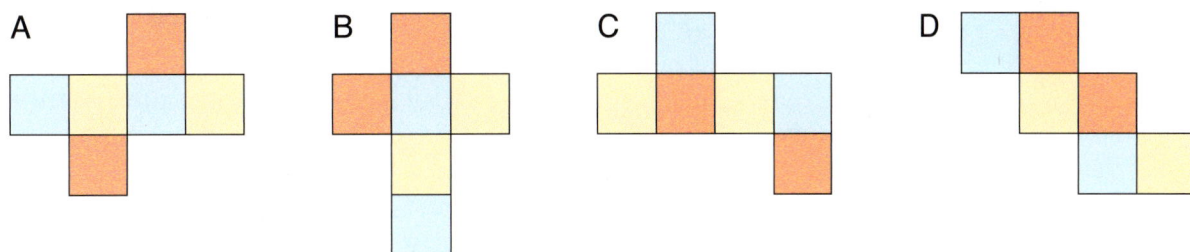

6 Beim Spielwürfel ergibt die Summe der gegenüberliegenden Seiten immer 7.
Übertrage die Netze in dein Heft. Ergänze die fehlenden Würfelaugen.

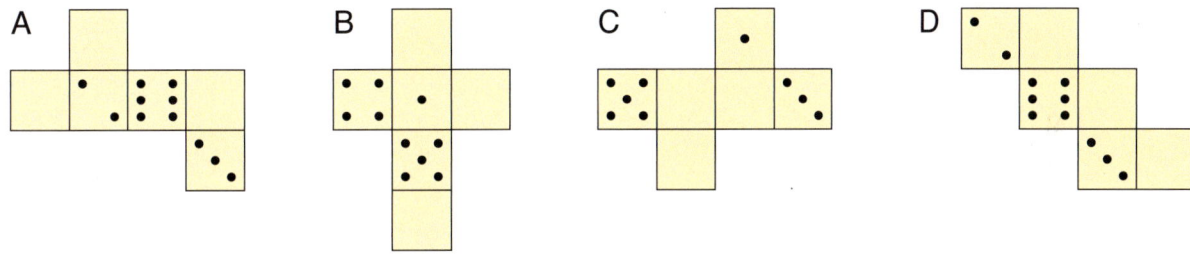

7 Welche Würfel passen zu diesem Würfelnetz?

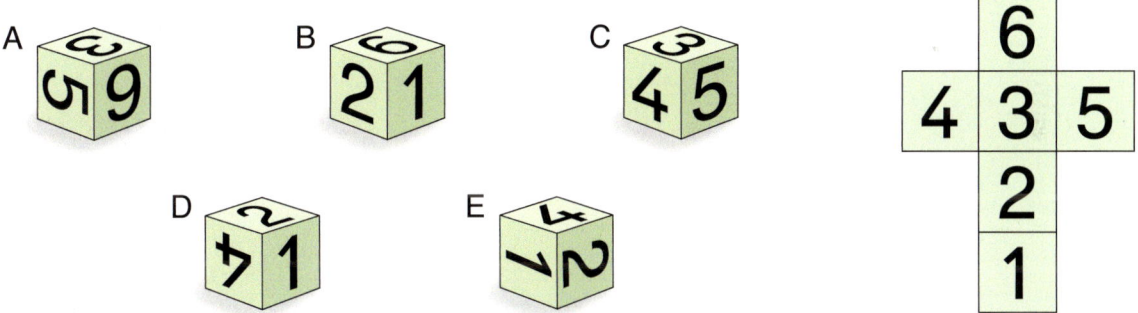

8 Kippbewegungen mit einem Spielwürfel.
Stell dir Folgendes vor. Ein Spielwürfel liegt so vor dir:

Welche Augenzahl liegt oben, wenn der Würfel …

a) … einmal nach rechts gekippt wird?

b) … einmal nach links gekippt wird?

c) … einmal nach hinten gekippt wird?

d) … einmal nach vorne gekippt wird?

e) … zweimal nach links gekippt wird?

f) … dreimal nach hinten gekippt wird?

g) … einmal nach vorne und zweimal nach links gekippt wird?

h) … zweimal nach rechts und einmal nach hinten gekippt wird?

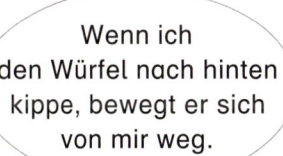

Wenn ich den Würfel nach hinten kippe, bewegt er sich von mir weg.

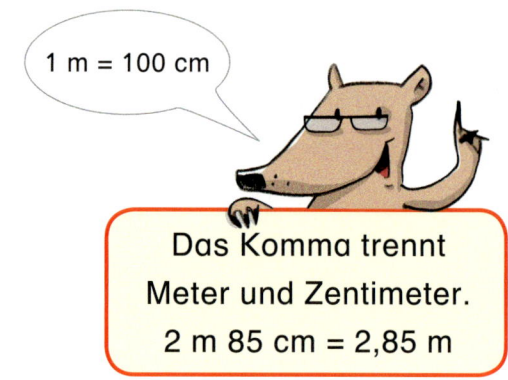

1 m = 100 cm

Das Komma trennt
Meter und Zentimeter.
2 m 85 cm = 2,85 m

WEITSPRUNG

Name	gesprungen
Anton	3,18 m
Anni	2,85 m

 1 a) Wie viele cm ist Anton weiter gesprungen als Anni?

b) Vergleiche deine Sprungweite mit der von Anton und der von Anni.

2 Weitsprungergebnisse:

a) Welches Kind ist am weitesten gesprungen,
welches am wenigsten weit?

b) Schreibe alle Weiten als Kommazahl.

Ali: | 3, | 2 | 1 | m |

c) Ordne die Weiten. Beginne mit der kleinsten Weite.

Weitsprung	
Name	gesprungen
Ali	3 m 21 cm
Anna	2 m 80 cm
Olli	3 m 5 cm
Emilio	3 m 25 cm
Jana	2 m 98 cm
Lena	3 m 2 cm

3 Sprungweiten bei Tieren:

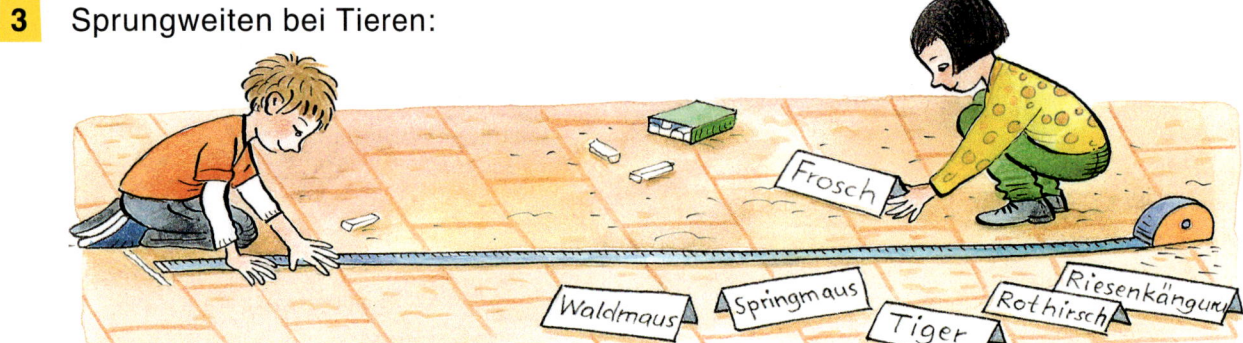

 a) Zeichnet die Weiten mit Kreide
auf dem Schulhof auf.

b) Schreibe alle Weiten
in m und cm.

c) Ordne die Weiten.
Beginne mit der größten Weite.

d) Welches Tier ist der
beste Weitspringer?

Tier	Körpergröße	Sprungweite
Frosch	5 cm	1,3 m
Waldmaus	9 cm	0,7 m
Springmaus	8 cm	2,5 m
Tiger	2,4 m	5,5 m
Rothirsch	2,5 m	10,5 m
Riesenkänguru	1,8 m	13,5 m

4 Olga ist beim Weitsprung 3,12 m weit gesprungen. Tim ist 15 cm weiter
gesprungen als Olga. Olga ist 7 cm weniger weit als Lukas, aber 16 cm weiter als
Emine gesprungen. Wie weit sind die vier Kinder gesprungen?

Zentimeter und Millimeter

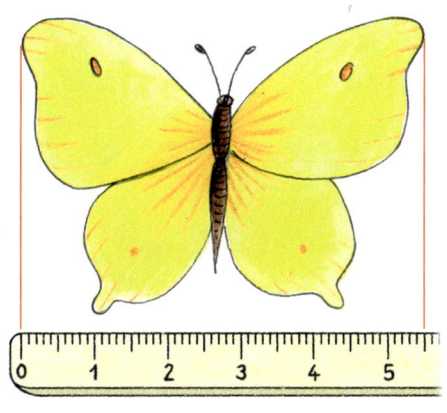

5 cm 5 mm = 55 mm

3 cm = 30 mm

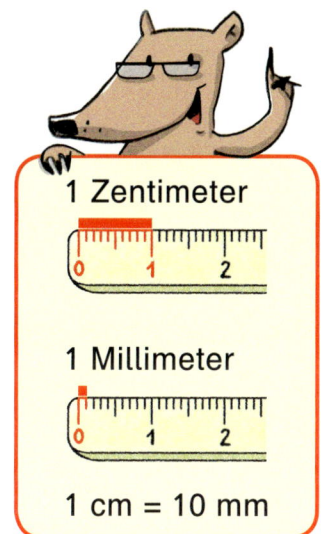

1 Zentimeter

1 Millimeter

1 cm = 10 mm

1 Welche Spannweite haben die Schmetterlinge?
Lies genau ab. Wie groß ist der Unterschied?

 2 Wie groß sind die Tiere? Schätze zuerst und miss dann genau. Zeichne die Länge.

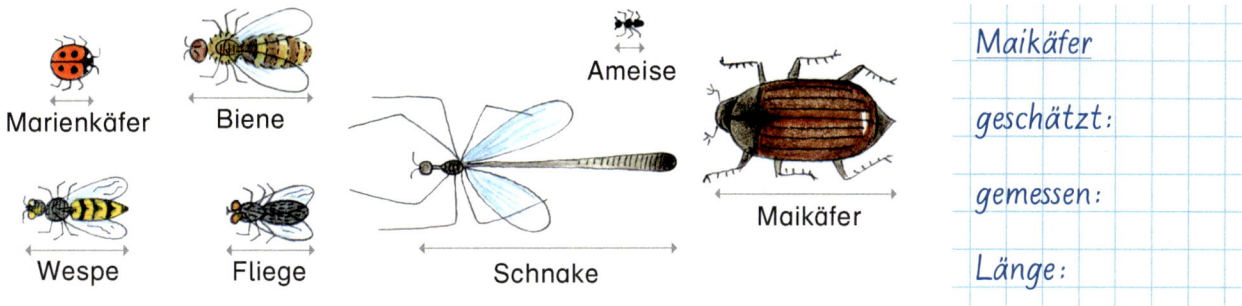

Marienkäfer   Biene   Ameise   Maikäfer

Wespe   Fliege   Schnake

Maikäfer

geschätzt:

gemessen:

Länge:

 3 Zeichne die Strecken. Schreibe in cm und mm.   a) |——| 1 c m 7 m m

a) 17 mm   b) 54 mm   c) 40 mm   d) 102 mm
e) 26 mm   f) 61 mm   g) 8 mm   h) 120 mm

4 Schreibe in mm.   a) 3 c m 4 m m = 3 4 m m

a) 3 cm 4 mm   b) 10 cm 1 mm   c) 15 cm   d) 55 cm
e) 2 cm 7 mm   f) 8 cm 5 mm   g) 30 cm   h) 1 m

5 Welche Raupe hat den längsten Weg? Schätze zuerst und miss dann.

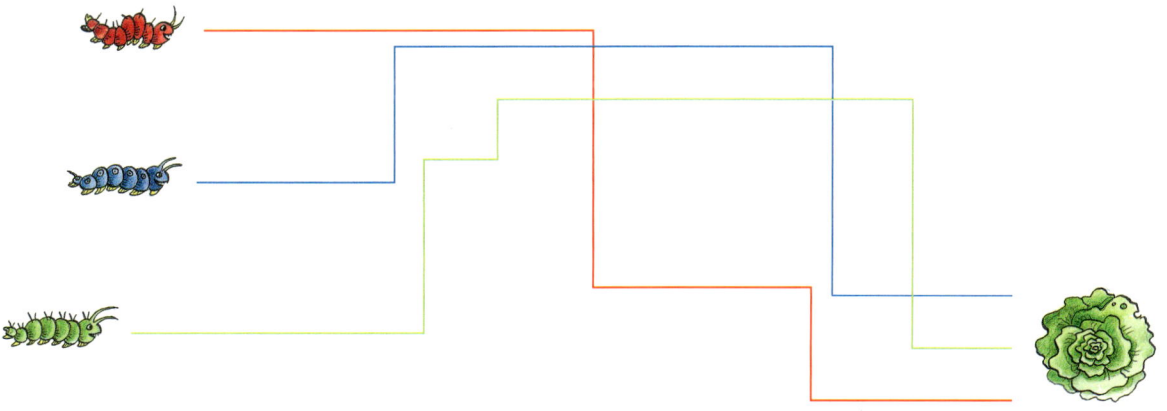

1 Wie lang sind diese Dinge in Wirklichkeit? Ordne zu. *das Skateboard:*

| 12 mm | 80 cm | 15,5 m | 1,5 m | 6 mm | 45 cm | 12 cm | 5 m | 7 cm |

2 Stimmt das? Überprüfe die Aussagen. Verbessere falsche Aussagen.

a) Eine Tafel ist ungefähr 100 cm hoch.   b) Eine Tür ist ungefähr 200 m hoch.

c) Ein Finger ist ungefähr 30 mm breit.   d) Ein Füller ist ungefähr 0,15 m lang.

e) Eine 1-Euro-Münze ist ungefähr 5 mm dick.

3 Kann das stimmen?

a) Dieses Haus ist in Wirklichkeit höher als 10 m.

b) Du bist jetzt mehr als doppelt so groß wie bei deiner Geburt.

c) In einem Monat verbrauchst du mehr als einen Meter Zahnpasta.

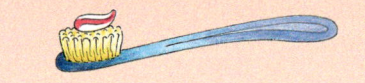

4 Kann das stimmen?

a) Eine Elefantenparade mit fünf Elefanten ist insgesamt kürzer als 20 Meter.

b) Wie lang ist ungefähr eine Elefantenparade mit 5 Elefanten?

Informiere dich in einem Lexikon oder im Internet, wie groß ein Elefant ist.

5 Schreibe in m und cm.   a)   3,45 m = 3 m 45 cm

a) 3,45 m   b) 2,60 m   c) 7,07 m   d) 4,03 m
e) 2,75 m   f) 6,80 m   g) 7,70 m   h) 3,40 m

10 mm = 1 cm
100 cm = 1 m
1 000 mm = 1 m

6 Schreibe in cm und mm.   a)   52 mm = 5 cm 2 mm

a) 52 mm   b) 176 mm   c) 104 mm   d) 5 mm   e) 216 mm
f) 108 mm   g) 29 mm   h) 7 mm   i) 10 mm   j) 99 mm

7 Schreibe als Kommazahl.   a)   247 cm = 2,47 m

a) 247 cm   b) 909 cm   c) 75 cm   d) 5 cm   e) 555 cm   f) 750 cm
g) 705 cm   h) 42 cm   i) 965 cm   j) 802 cm   k) 3 cm   l) 1000 cm

8 Schreibe als Kommazahl.   a)   7 m 16 cm = 7,16 m

a) 7 m 16 cm   b) 5 m 98 cm   c) 8 m 30 cm   d) 1 m 3 cm   e) 9 m 71 cm
f) 10 m 1 cm   g) 2 m 25 cm   h) 6 m 4 cm   i) 3 m 70 cm   j) 4 m 2 cm

9 Setze richtig ein: $>$, $<$, $=$

a) 163 cm ◯ 1,60 m   b) 1 m 5 cm ◯ 1,50 m   c) 3,05 m ◯ 350 cm
   85 cm ◯ 8,05 m   3 m 90 cm ◯ 3,09 m   7,50 m ◯ 750 cm
  100 cm ◯ 0,10 m   2 m 13 cm ◯ 2,13 m   1,70 m ◯ 170 cm

10 Ergänze auf 1 Meter.   a)   0,30 m + 0,70 m = 1 m

a) 0,30 m   b) 0,50 m   c) 0,80 m   d) 0,10 m   e) 0,40 m   f) 0,70 m

11 Ergänze auf 1 Meter.   a)   0,33 m + 0,67 m = 1 m

a) 0,33 m   b) 0,74 m   c) 0,05 m   d) 0,60 m   e) 0,44 m
f) 0,09 m   g) 0,51 m   h) 0,04 m   i) 0,12 m   j) 0,01 m

12 Ergänze auf 5 Meter.

a) 2,85 m   b) 3,90 m   c) 2,08 m   d) 1,47 m   e) 0,25 m
f) 3,17 m   g) 1,01 m   h) 0,74 m   i) 2,16 m   j) 0,09 m

13 Rechne.

a) 6,50 m + 0,25 m   b) 1,70 m + 3,15 m   c) 3,20 m + 2,22 m
d) 7,63 m − 1,50 m   e) 1,50 m − 0,35 m   f) 6,88 m − 0,79 m

Anni, Anton, Kim und Emilio haben eine Würfelstadt gebaut.
Sie haben für jedes Gebäude 12 Würfel verwendet.

Ich schreibe die Zahlen
in meinen Bauplan.

1 Baut die Gebäude nach.

2 Welches Gebäude hat Anni gebaut?

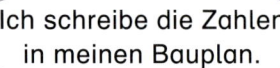

3 Welcher Bauplan gehört zu welchem Gebäude?
Zeichne in dein Heft und trage wie Anni die Zahlen ein.

Denke daran:
Für jedes Gebäude
wurden 12 Würfel
verwendet.
Kontrolliere!

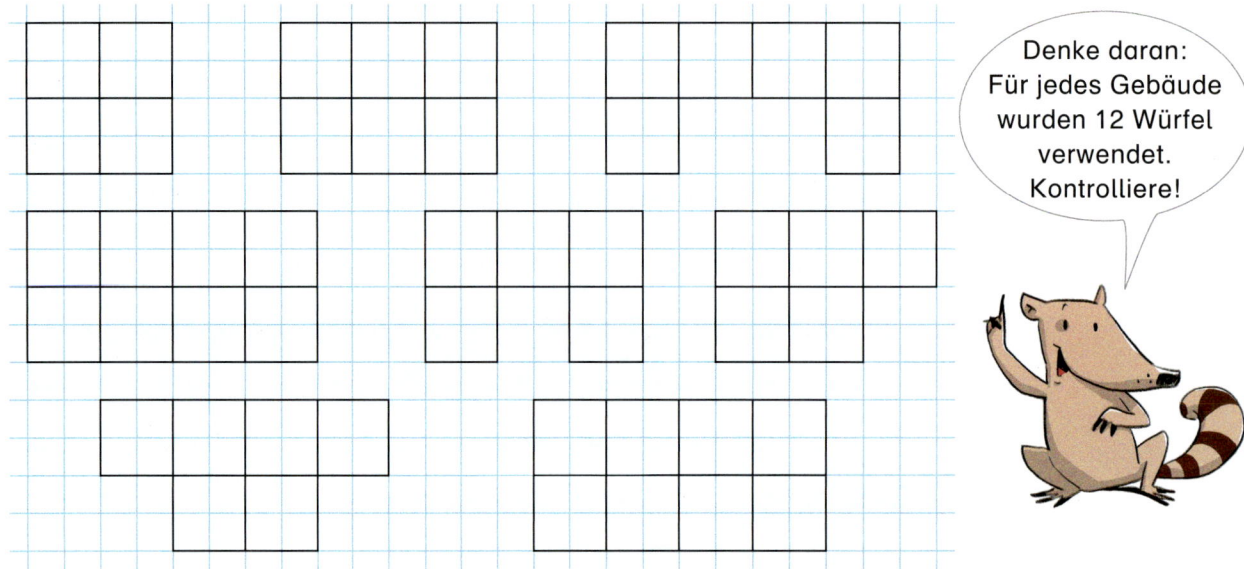

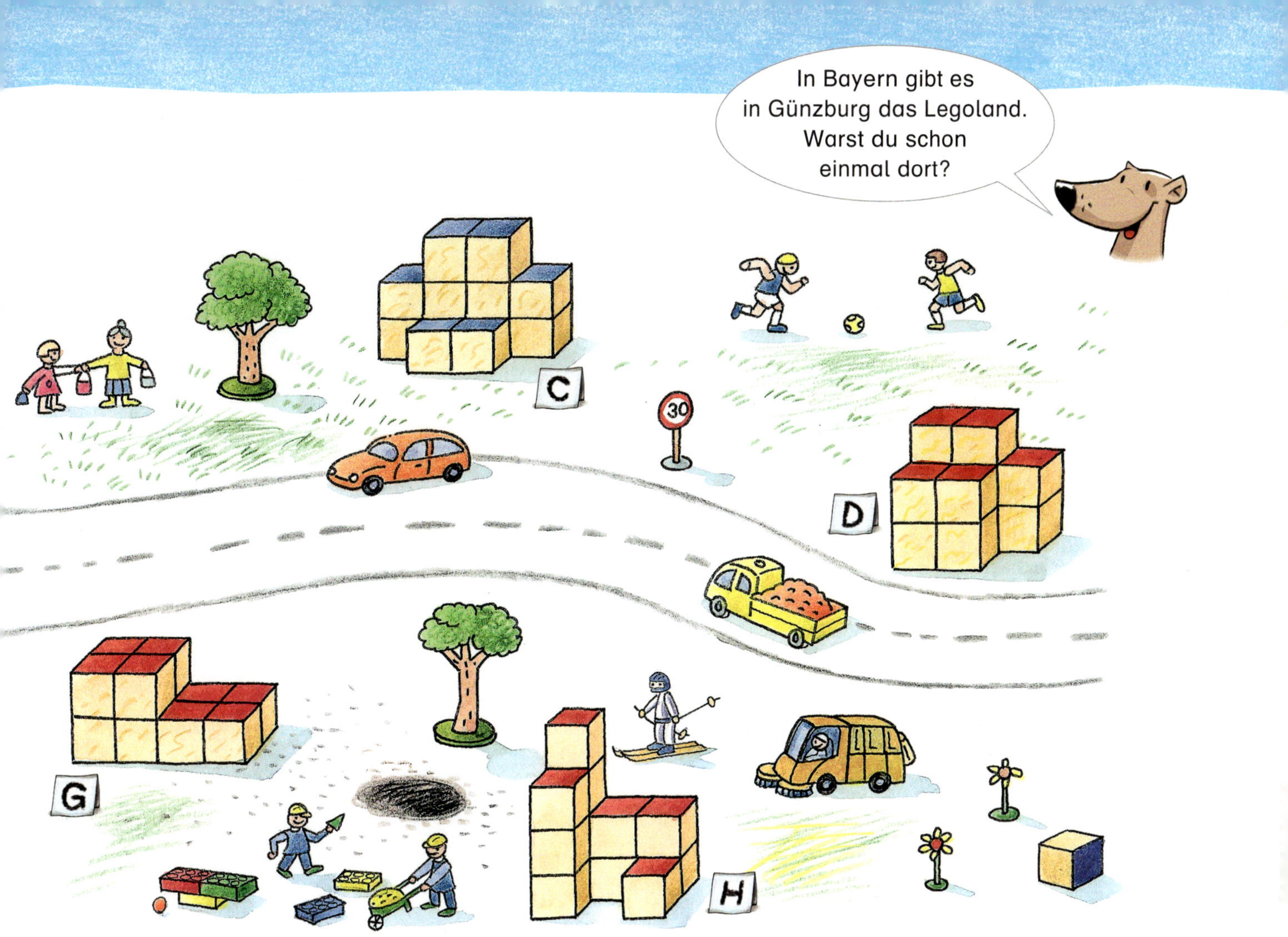

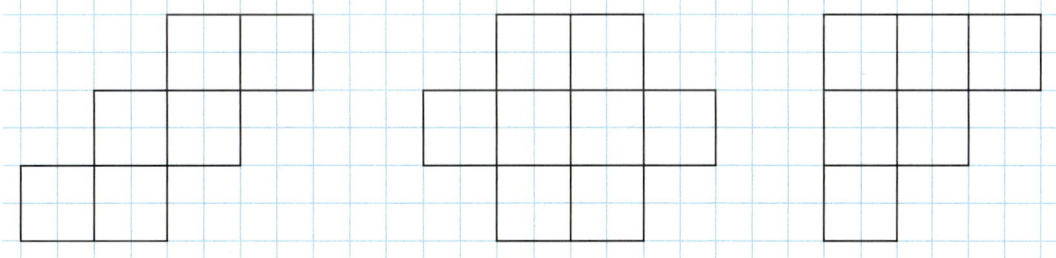

In Bayern gibt es in Günzburg das Legoland. Warst du schon einmal dort?
C
30
D
G
H

4 Kippe die Gebäude A, B und C in Gedanken nach hinten. Zeichne die passenden Baupläne.

5 Baue hierzu eigene Gebäude. Zeichne die Baupläne in dein Heft.

6 Baue mit 7, 9 oder 13 Würfeln. Finde verschiedene Möglichkeiten. Zeichne die Baupläne ins Heft.

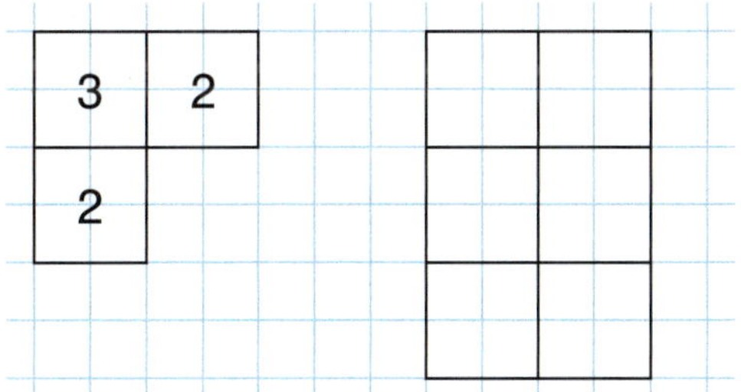

3
2
2

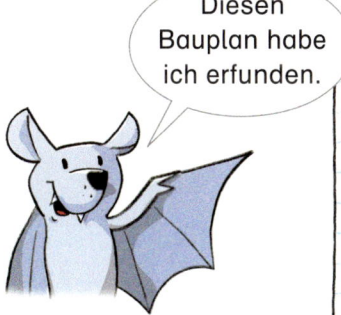

Diesen Bauplan habe ich erfunden.
5
4
4
3
3
2
2
1

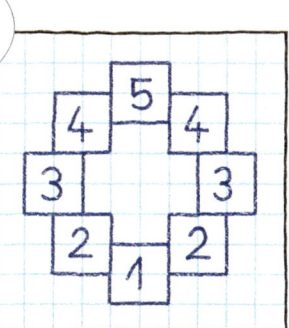

Erfinde eigene Gebäude und zeichne die Baupläne dazu.

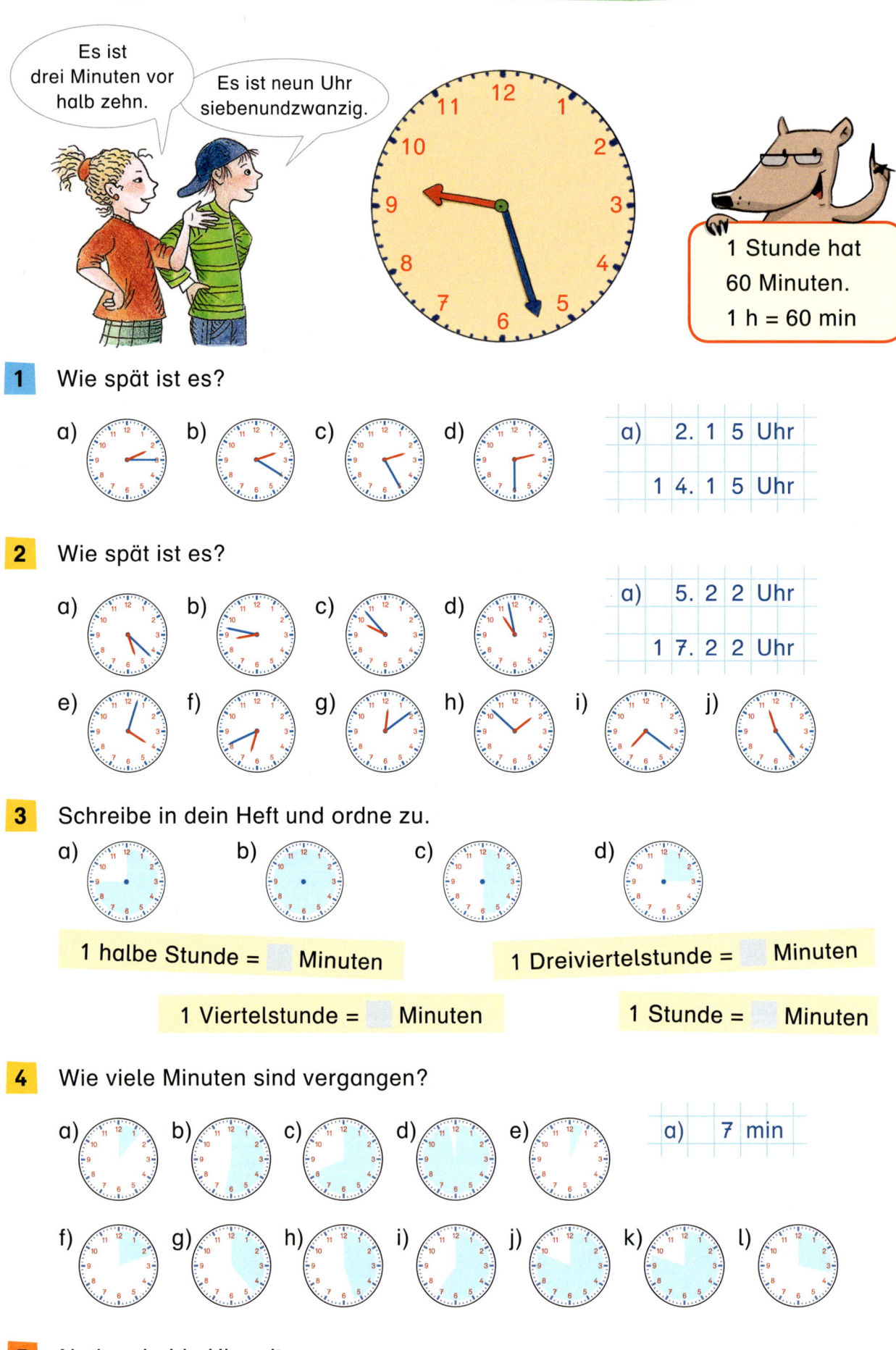

Es ist drei Minuten vor halb zehn.

Es ist neun Uhr siebenundzwanzig.

1 Stunde hat 60 Minuten.
1 h = 60 min

1 Wie spät ist es?

a)   b)   c)   d)

| a) | 2. 1 5 | Uhr |
| | 1 4. 1 5 | Uhr |

2 Wie spät ist es?

a)   b)   c)   d)

| a) | 5. 2 2 | Uhr |
| | 1 7. 2 2 | Uhr |

e)   f)   g)   h)   i)   j)

3 Schreibe in dein Heft und ordne zu.

a)   b)   c)   d)

1 halbe Stunde = ☐ Minuten   1 Dreiviertelstunde = ☐ Minuten

1 Viertelstunde = ☐ Minuten   1 Stunde = ☐ Minuten

4 Wie viele Minuten sind vergangen?

a)   b)   c)   d)   e) | a) | 7 min |

f)   g)   h)   i)   j)   k)   l)

5 Notiere beide Uhrzeiten.

drei vor zehn   zwei nach fünf   sechs vor halb sechs   acht nach halb elf

6 Ergänze zur vollen Stunde.

a) `05:37` b) `13:44` c) `08:51` d) `11:27`

e) `09:11` f) `21:08` g) `06:32` h) `00:37`

i) `01:01` j) `23:52` k) `17:19` l) `12:21`

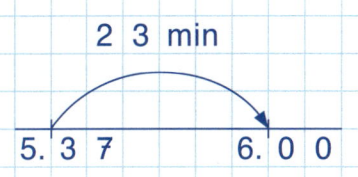

2 3 min
5. 3 7   6. 0 0

7 Wie viele Minuten sind vergangen?

a) `06:28` `06:53` b) `10:02` `10:47`

c) `08:14` `08:31` d) `14:19` `14:58`

e) `18:08` `18:39` f) `09:12` `09:42`

g) `23:33` `23:59` h) `16:03` `16:32`

2 5 min
6. 2 8   6. 5 3

8 Wie viele Minuten sind vergangen?
Ergänze zuerst zur vollen Stunde.

a) `06:48` `07:12`

b) `17:52` `18:09`

c) `13:31` `14:19` d) `20:28` `21:31`

e) `02:39` `03:18` f) `07:09` `08:16`

g) `19:46` `20:16` h) `08:37` `09:24`

1 2 min   1 2 min
6. 4 8   7. 0 0   7. 1 2

1 2 min + 1 2 min = 2 4 min

9 Es ist Nachmittag. Um wie viel Uhr kommt der Bus?

a) Es ist jetzt halb vier. Der Bus kommt in 12 Minuten.

b) Es ist jetzt Viertel nach drei. Der Bus kommt in 20 Minuten.

c) Es ist jetzt zehn vor fünf. Der Bus kommt in 16 Minuten.

d) Es ist jetzt zwanzig nach drei. Der Bus kommt in 24 Minuten.

73

Im OSTEN geht die Sonne auf.

Im SÜDEN nimmt sie ihren Lauf.

Im WESTEN wird sie untergehen.

Im NORDEN ist sie nie zu sehen.

 1 Erzähle.

 2 Die Zeiten für Sonnenaufgang (SA) und Sonnenuntergang (SU) werden oft auch auf einem Kalender angegeben. Anton und Anni haben berechnet, wie viel Zeit zwischen SA und SU liegt.

Januar
21
☀ SA 8.14
🌇 SU 17.02

Manchmal verdecken Wolken die Sonne.

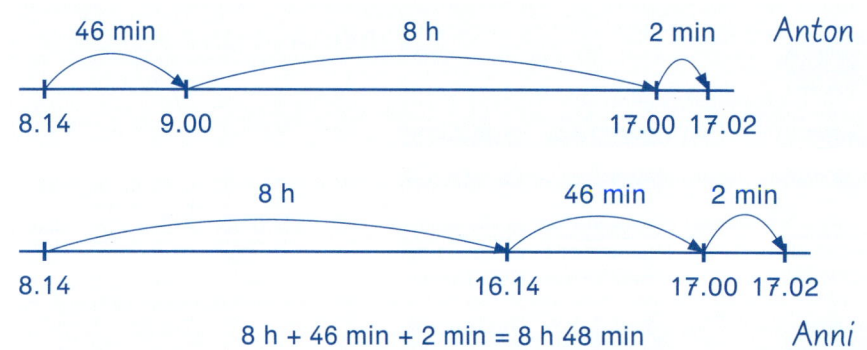

Erkläre, wie Anton und Anni gerechnet haben. Wie rechnest du?

3

Januar	Januar
1	**14**
☀ SA 8.25	☀ SA 8.20
🌇 SU 16.35	🌇 SU 16.51

4

März	Mai	Juli
10	**10**	**10**
☀ SA 6.51	☀ SA 5.48	☀ SA 5.28
🌇 SU 18.23	🌇 SU 20.59	🌇 SU 21.35

Wie viel Zeit vergeht zwischen Sonnenaufgang (SA) und Sonnenuntergang (SU)?

5 a) Vermutet: In welchem Monat ist die Zeitspanne zwischen SA und SU am längsten? In welchem Monat ist sie am kürzesten?

b) Teilt euch die Monate auf. Berechnet die Zeitspannen für die angegebenen Tage. Stimmt eure Vermutung?

Februar 21	März 21	April 21	Mai 21	Juni 21	Juli 21
☀ SA 7.08 🌅 SU 17.44	☀ SA 6.12 🌅 SU 18.27	☀ SA 6.10 🌅 SU 20.12	☀ SA 5.25 🌅 SU 20.53	☀ SA 5.12 🌅 SU 21.17	☀ SA 5.35 🌅 SU 21.03

August 21	September 21	Oktober 21	November 21	Dezember 21
☀ SA 6.16 🌅 SU 20.15	☀ SA 6.58 🌅 SU 19.12	☀ SA 7.42 🌅 SU 18.12	☀ SA 7.29 🌅 SU 16.28	☀ SA 8.00 🌅 SU 16.21

Diese Zeiten gelten für München. Beachte: Von April bis Oktober ist Sommerzeit.

c) Ordnet diese Zettel den entsprechenden Kalendertagen zu.

> längste Nacht – kürzester Tag

> längster Tag – kürzeste Nacht

d) Wann sind Tag und Nacht ungefähr gleich lang?

6 In welchem Monat bist du geboren? Wie lange scheint die Sonne ungefähr an deinem Geburtstag?

> Scheint die Sonne am selben Tag überall gleich lang?

7 a) Betrachtet die Zeiten für SA und SU in den beiden Städten. Berechnet die Zeitspannen zwischen SA und SU.

b) Vergleicht auch mit den Zeiten aus München (Aufgabe 5).

Datum	Stadt	SA	SU
21.6.	Bremen	05.00 Uhr	21.56 Uhr
	Stuttgart	05.22 Uhr	21.29 Uhr
21.12.	Bremen	08.37 Uhr	16.11 Uhr
	Stuttgart	08.12 Uhr	16.31 Uhr

8 Suche diese Städte auf einer Europakarte. Vergleiche die Zeitspannen zwischen SA und SU mit denen der Städte in Deutschland.

Datum	Stadt	SA	SU
21.6.	Stockholm (Schweden)	03.32 Uhr	22.07 Uhr
	Marseille (Frankreich)	05.59 Uhr	21.22 Uhr
21.12.	Stockholm (Schweden)	08.42 Uhr	14.50 Uhr
	Marseille (Frankreich)	08.08 Uhr	17.07 Uhr

Zu viel Fernsehen schadet der Gesundheit

Forscher empfehlen, dass Kinder zwischen 9 und 13 Jahren höchstens **90 Minuten am Tag** vor dem Bildschirm verbringen sollten. Insgesamt sollten Kinder nicht länger als 5 Stunden in der Woche vor dem Bildschirm sitzen.

Die tägliche Bewegungsstunde

Eltern achten bei ihren Kindern oftmals zu wenig auf genügend Bewegung. Kinder sitzen manchmal stundenlang vor dem Computer oder Fernseher. Dabei empfehlen Ärzte **mindestens eine Stunde** spielerische oder körperliche **Bewegung am Tag**, denn das fördert die körperliche Fitness und die Konzentrationsfähigkeit.

1 Was erfährst du aus den beiden Zeitungsartikeln?

2 Noemi verbringt jeden Tag 90 Minuten vor dem Bildschirm.
Nach wie vielen Tagen sind die 5 Stunden Bildschirmzeit verbraucht?

3 Wann bewegst du dich am Tag? Überlege mit deinem Partner.

Schreibe auf.   *Schulweg* ,   *Hofpause* , ...

4 Anni und Anton haben eine Woche lang ihre Bewegungszeiten aufgeschrieben und ein Säulendiagramm erstellt. Was könnt ihr daraus alles ablesen?

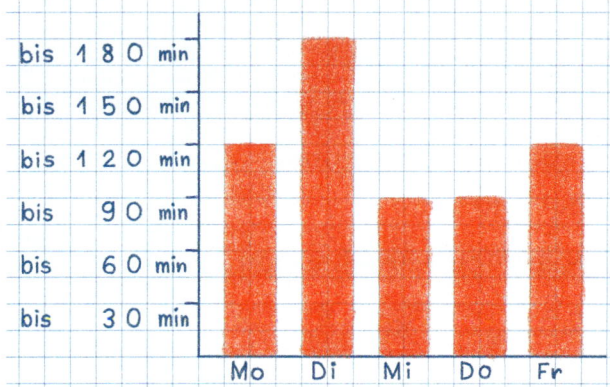

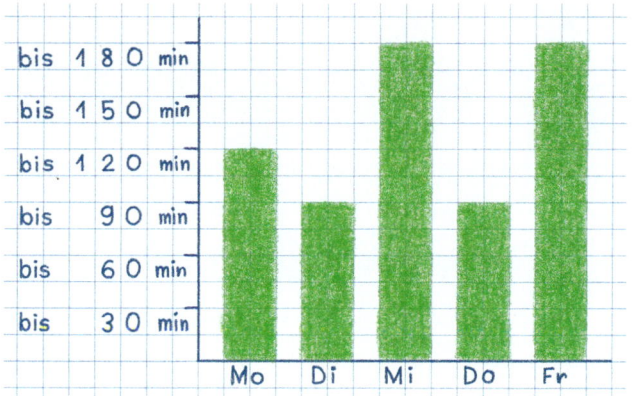

Einmal in der Woche gehe ich zum Tanzen. Das Tanztraining dauert 90 Minuten.

Zweimal in der Woche habe ich Fußballtraining. Wir trainieren jedes Mal zwei Stunden.

5 a) Notiere eine Woche lang jeden Tag deine Bewegungszeit und Bildschirmzeit. Erstelle ein passendes Säulendiagramm.

Tipp: Schau doch mal auf Seite 11 nach.

b) Vergleicht eure Ergebnisse und eure Diagramme.

Kinderprogramm

13.20 Uhr	Garfield
13.45 Uhr	motzgurke.tv
14.10 Uhr	Schloss Einstein
14.35 Uhr	Schloss Einstein
15.00 Uhr	SamstagsKINO
16.20 Uhr	Der kleine Nick
16.45 Uhr	CheXperiment
17.00 Uhr	Best of …
17.35 Uhr	Checkpoint
18.00 Uhr	Shaun das Schaf
18.40 Uhr	Lauras Stern

6 Wie lange dauern die Sendungen?

a) Garfield   b) motzgurke.tv

c) Schloss Einstein   d) Best of …

e) Checkpoint   f) Shaun das Schaf

7 a) Pia schaut samstags oft „Garfield", „motzgurke.tv"
und beide Folgen „Schloss Einstein".
Wie viele Minuten schaut sie dann fern?

b) Emilio schaut samstags oft „Best of …",
„Checkpoint" und „Shaun das Schaf".
Wie viele Minuten schaut er dann fern?

8 Antons Eltern wollen, dass er am Tag nicht mehr als 50 Minuten fernsieht.
Welche Sendungen könnte er anschauen? Finde verschiedene Möglichkeiten.

9 a) Suche im aktuellen Fernsehprogramm Sendungen heraus, die du am Samstag
gerne schaust. Notiere den Anfangszeitpunkt und den Endzeitpunkt jeder
Sendung und schreibe in dein Heft. Berechne, wie lange die Sendungen dauern.

Sendung	Anfangszeitpunkt	Endzeitpunkt	Dauer

b) Kinder sollen nicht mehr als 90 Minuten am Tag fernsehen
oder Computer spielen. Schreibe deinen Wunschplan
für eine Woche auf und überprüfe die Zeit.
Insgesamt sollen es nicht mehr als 5 Stunden sein.

5 Stunden sind 300 Minuten.

10 Es ist Wochenende. Tobi geht morgens um 9.45 Uhr mit seinem Hund spazieren.
Um 10.30 Uhr kommt er zurück. Anschließend bringt sein Vater ihn zum
Fußballturnier. Eine Halbzeit dauert 30 Minuten. Am Nachmittag ist Tobi mit
einem Freund zum Radeln verabredet. Sie fahren um 15.40 Uhr los und sind
um 17.20 Uhr wieder zu Hause. Um 18.50 Uhr bittet seine Mutter ihn,
noch einmal kurz mit dem Hund rauszugehen. Um 19.15 Uhr ist er wieder da.
Wie lang war Tobis Bewegungszeit an diesem Tag?

Anni rechnet so:

$$351+274$$

Adam Ries rechnet so:

$$300 + 200 = 500$$
$$50 + 70 = 120$$
$$1 + 4 = 5$$

```
  3 5 1
+ 2 7 4
------
      5
```

1 a) Vergleiche: Wie unterscheiden sich
die beiden Rechenwege?

b) Rechne den Rechenweg von Adam Ries
zu Ende. Vergleicht eure Lösungen.

> Adam Ries war ein Rechenmeister, der von 1492 bis 1559 lebte. Er hat die schriftliche Addition erfunden.

2 Warum hat Adam Ries beim Rechnen mit den Einern angefangen? Erkläre.
Was bedeutet die kleine 1?

```
  H Z E
  3 5 1
+ 2 7 4
Übertrag 1
------
      5
```

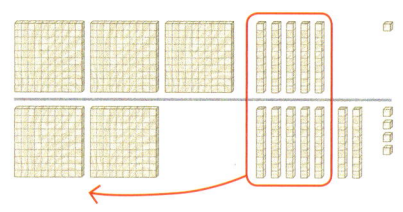

Wechsle 10 Z in 1 H.
Übertrage 1.

> Was wäre, wenn ich mit den Hundertern beginnen würde?

```
  3 5 1
+ 2 7 4
  1
------
  6 2 5
```

Sprechweise:
1 E + 4 E = 5 E, 5 an.
5 Z + 7 Z = 12 Z, 2 an, 1 gemerkt.
3 H + 2 H + 1 H = 6 H, 6 an.

> Ich rechne lieber von unten nach oben. 4 E plus 1 E gleich 5 E …

3 Bei vier Aufgaben musst du wechseln. Denke an den Übertrag.

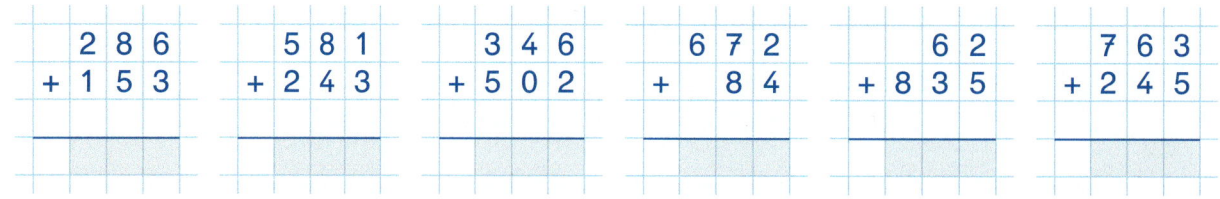

```
  2 8 6        5 8 1        3 4 6        6 7 2          6 2        7 6 3
+ 1 5 3      + 2 4 3      + 5 0 2      +   8 4      + 8 3 5      + 2 4 5
```

Lege mit den Ziffernkarten zwei dreistellige Zahlen.
Schreibe die Zahlen untereinander und addiere sie.

`1` `2` `3` `4` `5` `6`

a) Es soll nicht gewechselt werden.

b) Es sollen zehn Zehner in einen Hunderter gewechselt werden.

➡ Beilage zum Schülerbuch: Ziffernkarten

4 An welcher Stelle musst du wechseln? Erkennst du das, bevor du rechnest?

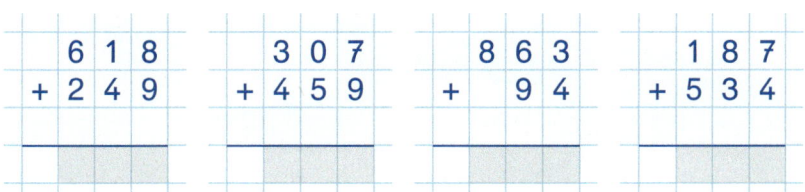

```
    6 1 8         3 0 7         8 6 3         1 8 7
  + 2 4 9       + 4 5 9       +   9 4       + 5 3 4
  ─────────     ─────────     ─────────     ─────────
```

die **Addition**
wechseln
der **Übertrag**
stellengerecht

5 Schreibe stellengerecht untereinander und addiere.

a) 546 + 132   b) 95 + 475   c) 403 + 128 + 265
   328 + 647   498 + 213   361 + 43 + 125
   153 + 86   806 + 98   68 + 306 + 521
   680 + 295   73 + 937   321 + 607 + 72

Stellengerecht
untereinander:
Hunderter unter Hunderter
Zehner unter Zehner
Einer unter Einer

6 Findest du Aufgaben, bei denen der Übertrag größer als 1 ist?

7 Bei welchen Aufgaben findest du Fehler?
Welche Fehler wurden gemacht? Notiere.

a)
```
    7 2 6
  + 2 5 4
      1
  ─────────
    9 8 0
```

b)
```
    5 0 7
  + 1 7 8
  ─────────
    6 7 5
```

c)
```
    2 5 1
  +   6 8
      1
  ─────────
    9 3 1
```

Diese Beschreibungen
können dir helfen:

Übertrag vergessen

d)
```
    4 2 8
  + 3 8 3
      1
  ─────────
    7 1 1
```

e)
```
    1 4 6
  + 8 0 8
      1
  ─────────
    9 5 4
```

f)
```
    4 5 9
  + 2 7 0
      1
  ─────────
    7 2 0
```

falsch untereinander-
geschrieben

Rechenfehler

Schreibe falsch berechnete Aufgaben ins Heft und rechne sie richtig.

Lege mit den Ziffernkarten Plusaufgaben mit zwei dreistelligen Zahlen.
Notiere sie im Heft und rechne.

1 2 3 4 5 6 7 8 9 0

a) Lege Aufgaben mit einem oder zwei Überträgen.
b) Lege Aufgaben mit zwei Überträgen.
c) Lege eine Aufgabe, vertausche zwei Ziffernkarten.
   Das Ergebnis soll gleich bleiben.

1 a) Was meinst du? Für welche Seite entscheidet sich Anni? Begründe.

b) Wie würdest du dich entscheiden? Ordne die Aufgaben und rechne.

im Kopf		schriftlich
3 1 0 + 4 2 0 =		6 7 5
		+ 2 7 8

2 Im Kopf oder schriftlich? Ordne und rechne.

a) 549 + 250   b) 378 + 496   c) 726 + 148   d) 340 + 270   e) 456 + 123

f) 684 + 37   g) 409 + 199   h) 666 + 333   i) 129 + 583   j) 280 + 65

3 Wie geht es weiter? Rechne bis zum Ergebnis 1000.

```
  762       763       764       765       766       767
+ 211     + 212     + 214     + 217     + 221     +
-----     -----     -----     -----     -----     -----
```
...

Oben immer + 1, und unten?

4 Bilde Plusaufgaben.

a) Die Ergebnisse sollen kleiner als 500 sein.

b) Die Ergebnisse sollen zwischen 600 und 1000 liegen.

| 234 | 765 | 193 | 397 | 138 | 478 | 125 |

5 Wie geht es weiter? Ergänze die Aufgaben und rechne.

```
  574       575       576
+ 414     +         +         +         +
-----     -----     -----     -----     -----
                                        1000
```

6 Fredo hat die Ziffern weggewischt.
Kannst du herausfinden, welche es waren?
Schreibe die Aufgabe mit den passenden
Ziffern auf.

Auf der Tafel:
```
  3 4 ▮
  2 ▮ 8
+   ▮ 1
  ───────
    7 1
```

7 Welche Ziffern fehlen?

a)
```
  4 6 ▮
+ 2 ▮ 1
───────
▮ 9 5
```

b)
```
▮ 8 1
+ 2 1 ▮
───────
  5 ▮ 8
```

c)
```
▮ ▮ ▮
+ 5 4 5
───────
  7 7 7
```

d)
```
  4 8 3
+ ▮ ▮ ▮
───────
  5 9 6
```

e)
```
  6 0 ▮
+ 3 ▮ 4
───────
▮ 9 7
```

8 Welche Ziffern fehlen? Achte auf die Überträge.

a)
```
  8 6 ▮
+ 1 ▮ 9
───────
▮ 9 2
```

b)
```
  4 ▮ 6
+ ▮ 7 3
───────
  7 2 ▮
```

c)
```
  3 ▮ 7
+ ▮ 8 ▮
───────
  8 2 2
```

d)
```
  6 4 8
+ ▮ ▮ ▮
───────
  9 1 2
```

e)
```
  ▮ ▮ ▮
+ 5 8 6
───────
  8 2 3
```

9 Welche Ziffern fehlen? Finde zu jeder Aufgabe verschiedene Möglichkeiten.

a)
```
  ▮ ▮ ▮
+ ▮ ▮ 7
───────
  6 5 1
```

b)
```
  ▮ 3 ▮
+ 1 ▮ ▮
───────
  9 0 0
```

c)
```
  2 ▮ ▮
+ ▮ 9 ▮
───────
  8 8 8
```

d)
```
  ▮ ▮ 6
+ 3 0 ▮
───────
  ▮ 5 5
```

10 Lege mit den Ziffernkarten Plusaufgaben.
Das Ergebnis soll 1000 sein. Finde verschiedene
Möglichkeiten. Wie gehst du vor?

`0  1  2  3  4`
`5  6  7  8  9`

11 Lege mit den Ziffernkarten eine Plusaufgabe mit zwei dreistelligen Zahlen.

a) Das Ergebnis soll möglichst klein sein.
b) Das Ergebnis soll möglichst groß sein.

12 Spiele mit deinem Partner „Die kleinere Summe gewinnt".

Die kleinere Summe gewinnt

Ziehe 6 Ziffernkärtchen von
deinem Stapel und bilde zwei
dreistellige Zahlen. Addiere die
beiden Zahlen. Wer die kleinere
Summe hat, erhält einen Punkt.

Verschiedene Vierecke

 1 Falte drei Quadrate so und zerschneide sie entlang der Linien.

  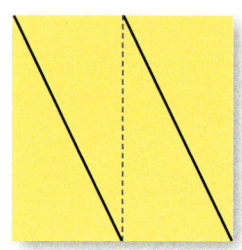

 2 a) Setzt mit den ausgeschnittenen Dreiecken
verschiedene Vierecke zusammen.

b) Klebt die zusammengesetzten Vierecke auf Papier
und schneidet sie dann aus.

c) Überlegt, wie ihr die Vierecke sortieren könnt.

d) Wie viele verschiedene Vierecke habt ihr gefunden?

e) Vergleicht eure Vierecke in der Klasse.

 3 Schreibt Namensschilder und ordnet eure ausgeschnittenen
Vierecke den passenden Schildern zu.

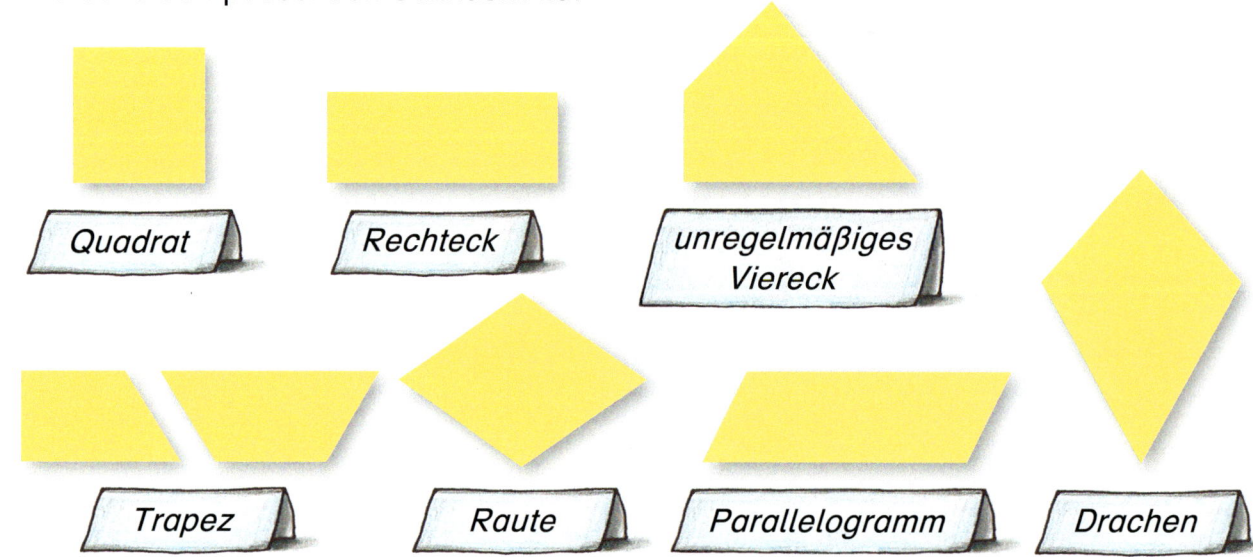

4 Untersuche die Vierecke.
Welche passen zu den Beschreibungen?

a) Bei mir sind alle vier Seiten gleich lang.

b) Bei mir sind alle vier Seiten unterschiedlich lang.

c) Bei mir sind zwei gegenüberliegende Seiten gleich lang. Die anderen beiden Seiten auch. Aber es sind nicht alle vier Seiten gleich lang.

gegenüberliegende Seiten

angrenzende Seiten

5 Welche Vierecke passen zu diesen Beschreibungen?

a) Bei mir sind zwei gegenüberliegende Seiten gleich lang. Die anderen beiden Seiten aber nicht.

b) Bei mir sind zwei angrenzende Seiten gleich lang. Die anderen beiden auch. Aber es sind nicht alle vier Seiten gleich lang.

6 Spanne verschiedene Vierecke am Geobrett und zeichne sie.

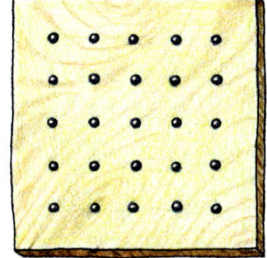 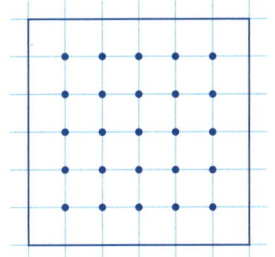

7 a) Spanne am Geobrett dieses Quadrat.
Verwandle das Quadrat in ein Trapez. Zeichne.

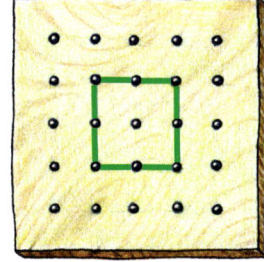 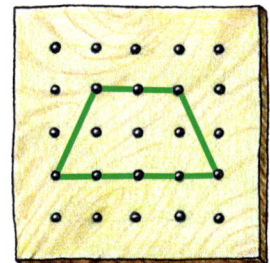 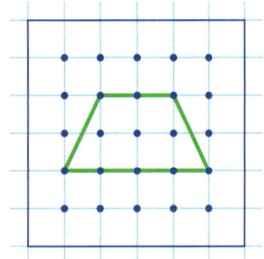

b) Spanne am Geobrett immer zuerst dieses Quadrat.
Verwandle es …
… in ein Rechteck.
… in ein Parallelogramm.
… in eine Raute.
… in einen Drachen.
… in ein unregelmäßiges Viereck.
Zeichne die entstandenen Vierecke.

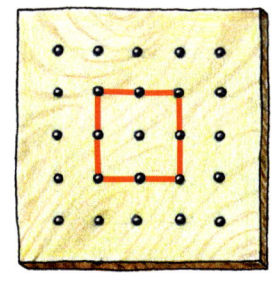 

83

1 Reiße von einem Blatt Papier ein Stück ab und falte es so:

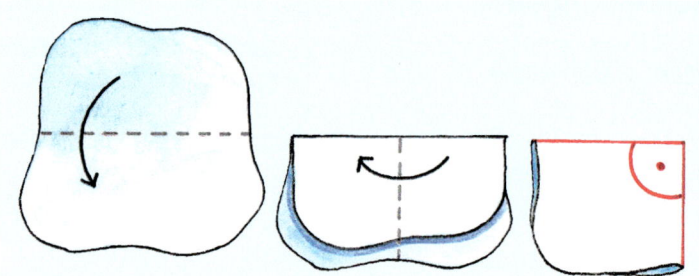

Du erhältst zwei gerade Linien, die **senkrecht zueinander**. Sie bilden einen rechten Winkel. Mit diesem Faltwinkel kannst du prüfen, ob zwei gerade Linien senkrecht zueinander sind.

2 a) Bei welchem Viereck findest du rechte Winkel? Prüfe mit dem Faltwinkel.

der Faltwinkel
senkrecht zueinander
der rechte Winkel

Viereck	Anzahl der rechten Winkel
Drachen 1	

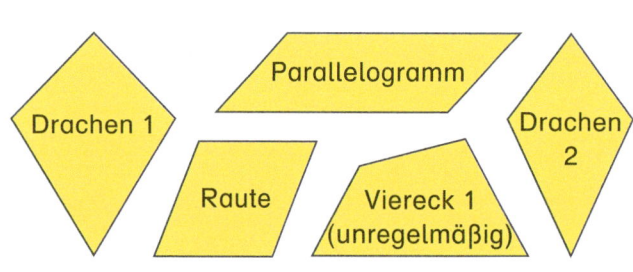
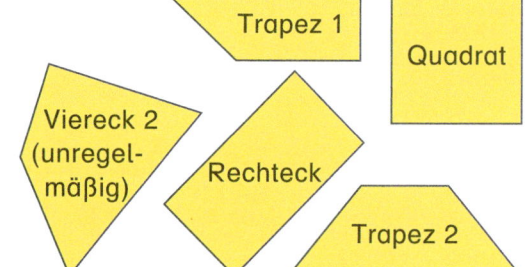

b) Bei welchen Vierecken findest du keine rechten Winkel?

3 a) Suche im Klassenzimmer rechte Winkel. Prüfe mit dem Faltwinkel. Schreibe auf, welche Gegenstände rechte Winkel haben.

b) Warum ist das so?

4 Zeichne ab und ergänze. Zeichne die rechten Winkel ein.

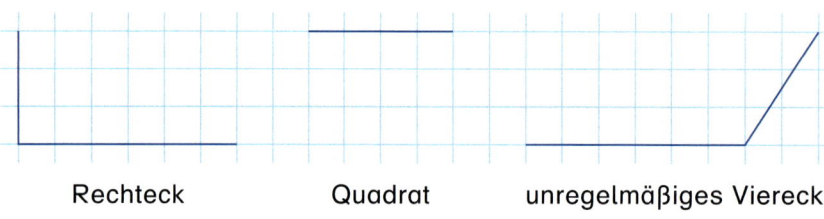

Rechteck   Quadrat   unregelmäßiges Viereck

5 Zeichne ab und ergänze. Zeichne die rechten Winkel ein.

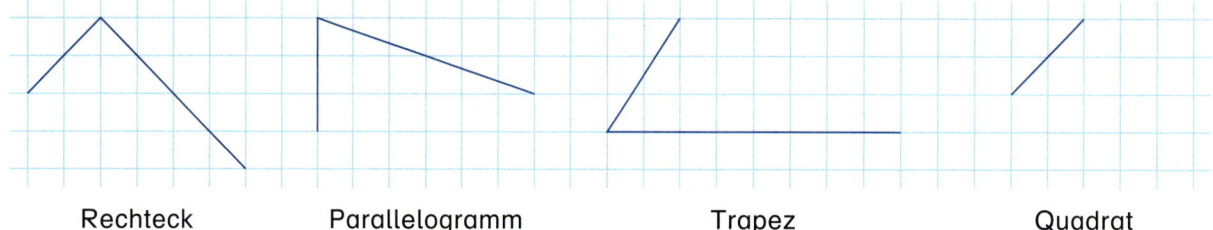

Rechteck   Parallelogramm   Trapez   Quadrat

Parallel zueinander

1 Nimm deinen Faltwinkel und falte ihn auseinander.

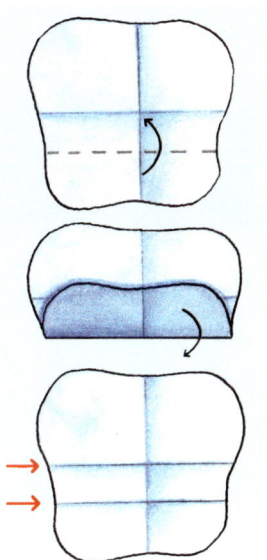

Falte die untere Seite so wie im Bild.

Falte deinen Faltwinkel wieder auseinander. Diese Linien sind **parallel zueinander**.

Falte an deinem Faltwinkel noch eine weitere parallele Linie.

die gerade Linie
parallel zueinander

2 a) Bei welchen Vierecken findest du parallele Seiten? Zeichne ab und ziehe jeweils zwei Seiten, die parallel zueinander sind, mit der gleichen Farbe nach.

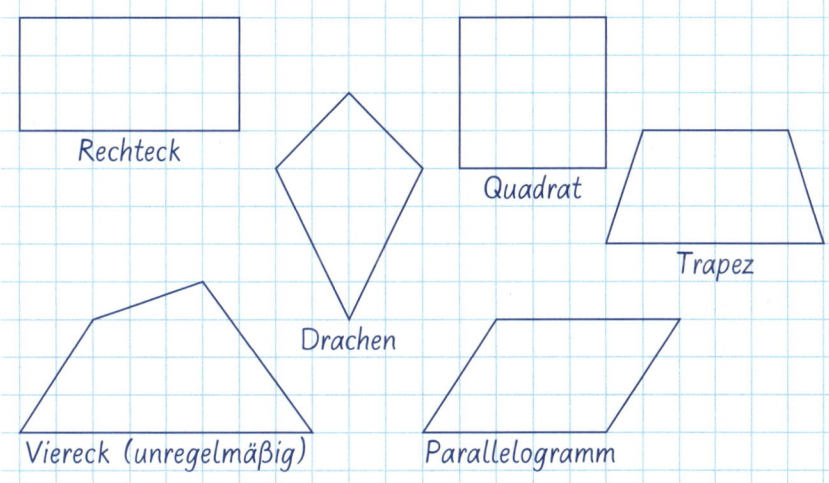

Rechteck

Quadrat

Trapez

Drachen

Viereck (unregelmäßig)

Parallelogramm

b) Bei welchen Vierecken findest du keine parallelen Seiten? Schreibe auf.

3

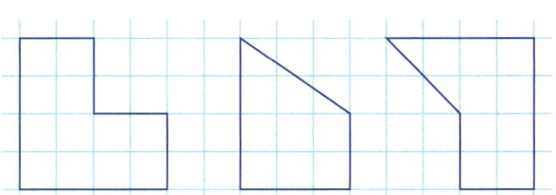

4

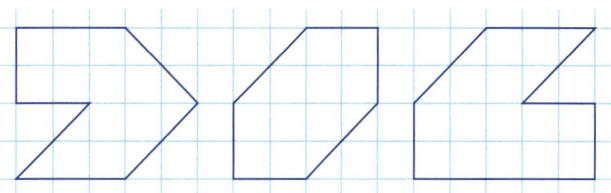

Zeichne ab und ziehe parallele Seiten mit der gleichen Farbe nach.

1 Messt von eurer Schule aus einen Kilometer ab.

a) Schätzt zuerst, wie weit ihr kommt.

| 1 Kilometer = 1000 Meter |
| 1 km = 1000 m |

b) Messt wie die Kinder im Bild auf verschiedene Weise und vergleicht eure Ergebnisse.

c) Geht den gleichen Weg zurück und stoppt dabei die Zeit.

2 Ergänze auf 1 Kilometer.
    a)   5 0 0 m + 5 0 0 m = 1 0 0 0 m = 1 km

a) 500 m, 300 m, 800 m, 100 m, 400 m, 600 m

b) 360 m, 780 m, 410 m, 830 m, 550 m, 660 m

3 Ergänze auf 1 Kilometer.
    a)   6 7 5 m + 3 2 5 m = 1 km

a) 675 m, 113 m, 845 m, 928 m, 792 m, 293 m

b) 405 m, 902 m, 808 m,   88 m, 601 m,   73 m

4 Wie viele Kilometer wurden zurückgelegt?

a)

> Ich schaffe in einer Stunde 4 km.

b)

> Ich schaffe in einer Stunde 15 km.

Zeit	Strecke
1 h	4 km
30 min	
15 min	
1 h 30 min	
2 h 45 min	

Zeit	Strecke
1 h	15 km
20 min	
40 min	
1 h 20 min	
2 h 40 min	

5 Verschiedene Schulwege: Wie weit wohnen die Kinder von der Schule entfernt?

Ich mache 680 Schritte. — Ali

... 260 Schritte. — Noemi

... 110 Schritte. — Olga

... 740 Schritte. — Tobi

... 808 Schritte. — Pia

a) Erstelle eine Tabelle.

Zwei Schritte sind ungefähr ein Meter.

Name	gemessen	Meter (ungefähr)
Ali	680 Schritte	340 m
Noemi		

b) Wer hat den längsten Schulweg? Wer hat den kürzesten Schulweg?

6 Verschiedene Schulwege:

a) Notiere die Längen der Schulwege.

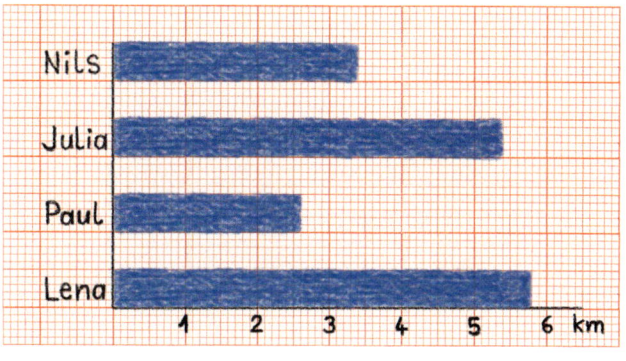

Nils: 3 k m 4 0 0 m

b) Berechne den Unterschied zwischen dem längsten und dem kürzesten Schulweg.

7 Berechne die Längen der Wanderwege. Welcher ist am längsten, welcher am kürzesten? Berechne den Unterschied.

A

B

C

8 Kann das stimmen?

Susi wohnt 1 km 100 m von der Schule entfernt.

Auf ihrem Schulweg legt sie mehr als 250 km in einem Schuljahr zurück.

1 a) Was kannst du aus dem Wegeplan ablesen? Erzähle.

b) Welchen Weg zu den Nasenbären würdet ihr wählen?
An welchen Tieren kommt ihr vorbei? Wie lang ist der Weg?

2 Wie weit ist es ...   a) ... von den Schlangen bis zu den Tigern?

b) ... vom Streichelzoo bis zu den Braunbären?

c) ... von den Seehunden bis zu den Nasenbären?

3 Wärter Klaus pflegt die Ameisenbären und die Schildkröten. Er fährt
fünfmal täglich mit seinem Fahrrad auf dem kürzesten Weg
vom Wärterhaus zu den Tieren und wieder zurück.

Kennst du schon
die 4 Himmelsrichtungen?
Wo findest du sie
auf dem Plan?

a) Wie viele Kilometer und Meter legt er täglich zurück?

b) Wie viele Kilometer und Meter fährt er von Montag bis Freitag?

4 **Kann das stimmen?**

Tierpflegerin Anna versorgt die Nasenbären, die Affen und die Flamingos.
Kann es sein, dass sie in einer Woche 50 km auf dem Fahrrad zurücklegt, wenn
sie die Tiere vom Wärterhaus aus dreimal täglich auf dem kürzesten Weg
besucht?

Entfernungen

1 Lars läuft sich warm. Er läuft die 100-Meter-Bahn fünfmal.
Welche Strecke legt er zurück?

> Eine Runde um den Sportplatz ist 400 m lang.

2 Ali läuft drei Runden um den Sportplatz.
Wie viele Kilometer und Meter sind das?

3 Klara möchte 2 km laufen. Sie ist bereits drei Runden
um den Platz gelaufen. Wie viele Meter fehlen ihr noch?

4 Emine trainiert ihre Ausdauer. Sie läuft am ersten Tag eine Runde um den
Sportplatz. Danach läuft sie jeden Tag um die Hälfte mehr als am Vortag.
Wie weit schafft sie es am vierten Tag?

5 Tom läuft insgesamt 18 km. Er läuft am Mittwoch doppelt so weit
wie am Montag und am Samstag läuft er dreimal so weit wie am Montag.
Wie weit läuft er an den einzelnen Tagen?

6 Anni und ihre Mutter besuchen Oma.
Von Zuhause bis zur Bushaltestelle
laufen sie einen halben Kilometer.
Dann fahren sie 7 km mit dem Bus.
Von der Haltestelle „Altes Tor" aus
gehen sie zu Fuß zu Oma.
Berechne die Gesamtlänge der Strecke.

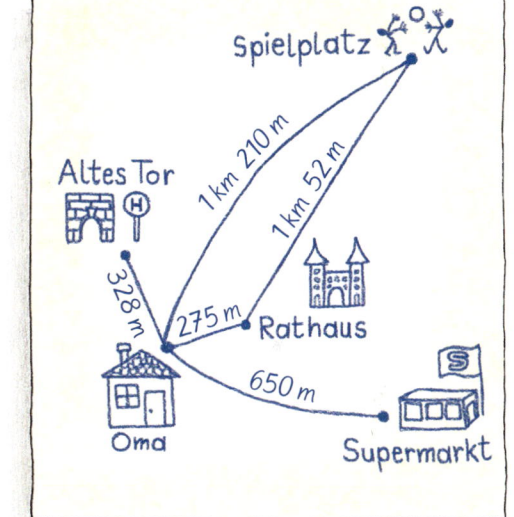

7 Oma geht zweimal in der Woche zum
Supermarkt einkaufen. Wie viele Kilometer
und Meter legt sie dabei zurück?

📖 Denke dir einen Plan aus. Schreibe Aufgaben dazu und gib sie deinem Partner
zum Lösen.

8 Lukas wohnt 950 m von der Schule entfernt. Auf seinem Weg zur Schule holt er
seinen Freund Tim ab. Tim wohnt 300 m von Lukas entfernt. Wie lang ist der
restliche Weg zur Schule?

9 Pia läuft mit ihren beiden Freunden Susi und Emilio zur Schule. Pia wohnt am
weitesten von der Schule entfernt. Ihr Schulweg beträgt exakt 1 km. Sie holt
zuerst Susi ab. Sie wohnt 375 m von Pia entfernt. Danach holen sie Emilio ab.
Er wohnt 240 m von Susi entfernt. Den restlichen Weg laufen sie gemeinsam
zur Schule. Wie viele Meter sind das?

10 Lars legt in einer Woche insgesamt 65 km auf seinem Schulweg zurück. Mit dem
Bus fährt er täglich 12 km. Wie weit wohnt Lars von der Bushaltestelle entfernt?

1 Kannst du Anni helfen?

Lege 315 mit Material und nimm 152 weg.

So kannst du legen:	So sprichst du dazu:	So schreibst du es auf:
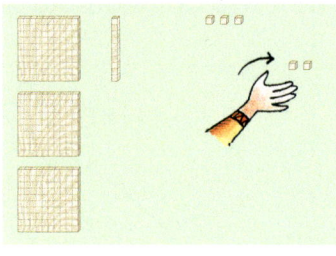	5 Einer minus 2 Einer ist gleich 3 Einer, 3 an.	3 1 5 / − 1 5 2 / 3
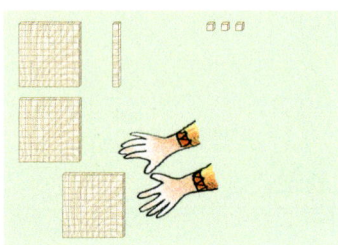	1 Zehner minus 5 Zehner geht nicht. Ich wechsle einen Hunderter in 10 Zehner. Ich habe jetzt einen Hunderter weniger. Das markiere ich mit einem Strich.	3 1 5 / − 1 5 2 / 3
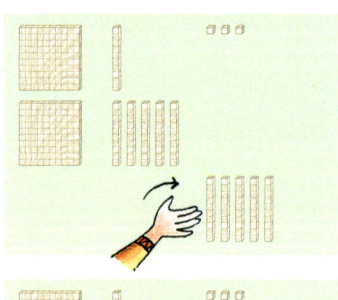	11 Zehner minus 5 Zehner ist gleich 6 Zehner, 6 an.	3 1 5 / − 1 5 2 / 6 3
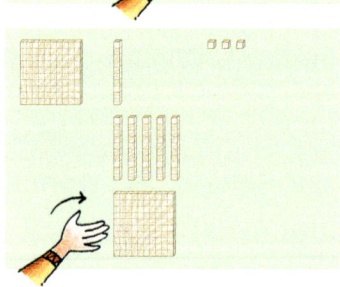	2 Hunderter minus 1 Hunderter ist gleich 1 Hunderter, 1 an. 315 minus 152 ist gleich 163.	3 1 5 / − 1 5 2 / 1 6 3

2 Lege die Subtraktionsaufgabe mit Material und sprich dazu.
Dein Partner notiert die Rechnung. Wechselt euch ab.

a) 436 − 153   b) 543 − 371   c) 653 − 426   d) 381 − 139

Beilage zum Schülerbuch: Ziffernkarten

3 Bei vier Aufgaben musst du wechseln. Erkennst du das, bevor du rechnest?

3 2 8	8 4 3	4 5 3	7 6 4	2 5 9	5 8 7
− 1 7 5	− 6 9 1	− 3 2 1	− 5 8 2	− 1 6 8	− 2 2 4

4 An welcher Stelle wird gewechselt? Erkennst du das, bevor du rechnest?

6 5 2	9 2 4	3 1 6	4 6 5	5 8 2	7 6 9
− 4 1 3	− 7 3 1	− 1 5 4	− 2 3 8	− 3 4 7	− 5 7 9

Kontrolliere mit der Umkehraufgabe.

Tipp

	7 6 1		*Probe:*		4 0 7
					+ 3 5 4
−	3 5 4				1
	4 0 7				7 6 1

5 Zweimal wechseln

H	Z	E
4	5	3
− 2	8	5
		8

3 E − 5 E geht nicht.
1 Z wechseln in 10 E, Strich!

13 E − 5 E = 8 E, 8 an.
Es ist jetzt 1 Z weniger.

H	Z	E
4	5	3
− 2	8	5
1	6	8

4 Z − 8 Z geht nicht.
1 H wechseln in 10 Z, Strich!

14 Z − 8 Z = 6 Z, 6 an.
Es ist jetzt 1 H weniger.

3 H − 2 H = 1 H, 1 an.

453	725	564	432	542	976
− 285	− 436	− 198	− 265	− 387	− 589

6 Schreibe stellengerecht untereinander und subtrahiere.

a) 347 − 126
   583 − 71
   698 − 460

b) 752 − 319
   441 − 115
   293 − 76

c) 628 − 290
   836 − 95
   557 − 396

d) 932 − 657
   777 − 88
   624 − 536

Lege mit den Ziffernkarten zwei dreistellige Zahlen und subtrahiere.

a) Bilde Minusaufgaben, bei denen du nicht wechseln musst.
b) Bilde Minusaufgaben, bei denen du einmal wechseln musst.
c) Bilde Minusaufgaben, bei denen du zweimal wechseln musst.

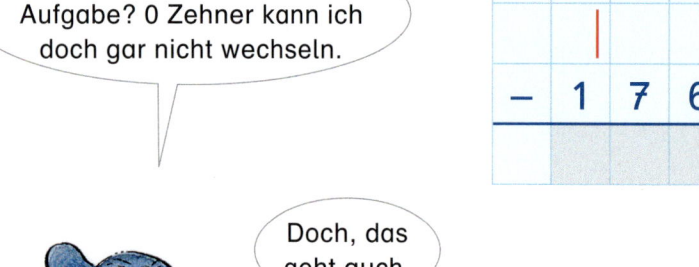

Wie rechne ich denn diese Aufgabe? 0 Zehner kann ich doch gar nicht wechseln.

Doch, das geht auch.

	3	0	4
–	1	7̶	6

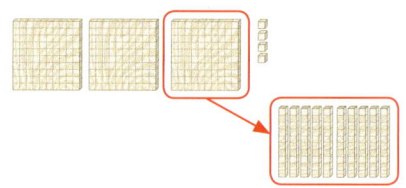

Ich wechsle 1 H in 10 Z.
Ich habe dann 2 H und 10 Z.
Das markiere ich mit einem Strich unter den 3 H.

	3	0	4
–	1	7̶	6

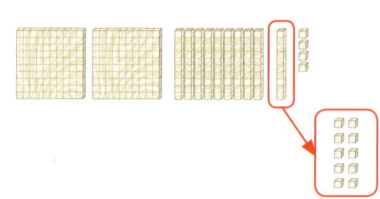

Ich wechsle 1 Z in 10 E.
Ich habe dann 9 Z und 14 E.
Das markiere ich mit einem Stich unter den 0 Z.

	3	0	4
–	1	7̶	6
	1	2	8

Jetzt kann ich abziehen:
14 E – 6 E = 8 E, 8 an.
 9 Z – 7 Z = 2 Z, 2 an.
 2 H – 1 H = 1 H, 1 an.

 1 Erkläre Annis Lösungsweg.

2 Lege und wechsle. Notiere die Rechenschritte wie Anni.

301	405	502	803	907
– 164	– 287	– 356	– 495	– 649

3 Rechne.

304	801	406	503	602	705	500	300
– 156	– 563	– 78	– 287	– 324	– 409	– 263	– 109

4 Bilde mit den Ziffernkarten von 0 bis 9 zwei dreistellige Zahlen und subtrahiere sie. Finde das kleinstmögliche Ergebnis.

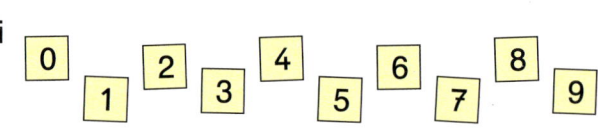

➡ Beilage zum Schülerbuch: Ziffernkarten

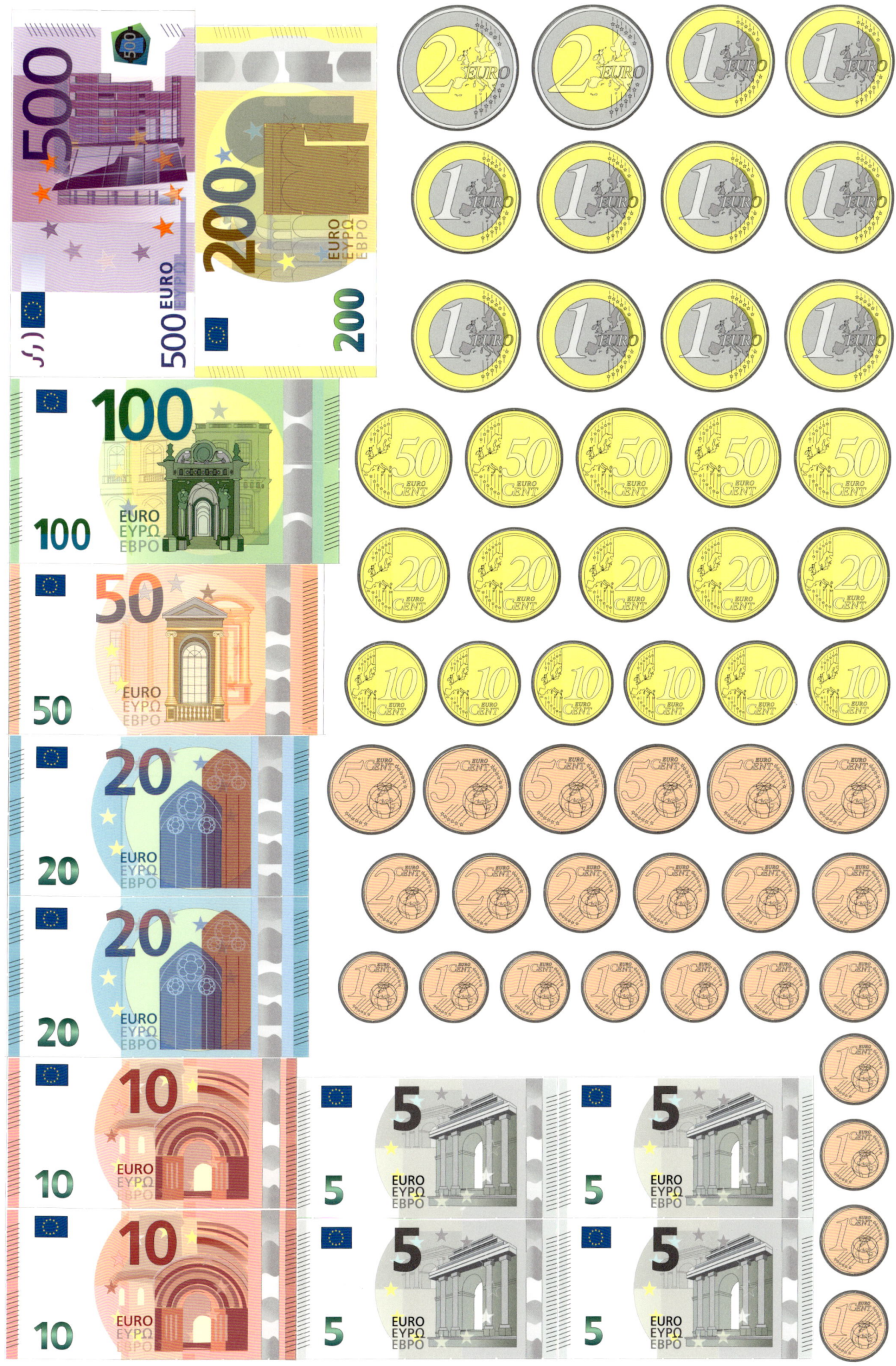

Euromünzen: Cornelsen/Christine Wächter/Deutsche Bundesbank/Luc Luycx aus Belgien;
Euroscheine: Cornelsen/Christine Wächter/Deutsche Bundesbank

220003542

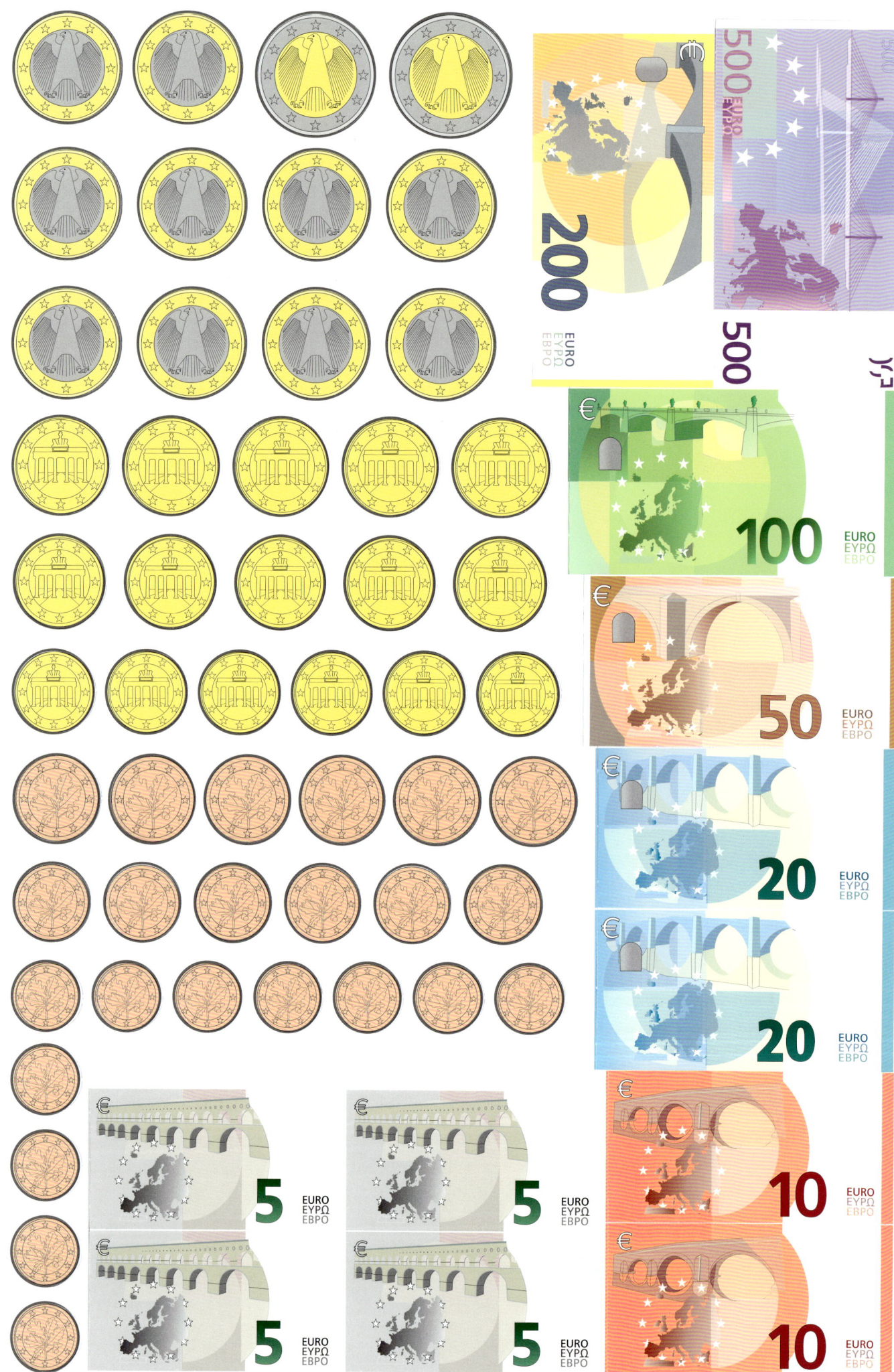

1, 2 und 5 Cent: Cornelsen/Christine Wächter/Deutsche Bundesbank/Prof. Rolf Lederbogen; 10, 20 und 50 Cent: Cornelsen/ Christine Wächter/Deutsche Bundesbank/Reinhart Heinsdorff;1 und 2 Euro: Cornelsen/Christine Wächter/Deutsche Bundesbank/Heinz Hoyer und Sneschana Russewa-Hoyer; Euroscheine: Cornelsen/Christine Wächter/Deutsche Bundesbank

220003542

1	0	1	0	2	0	2	0
3	0	3	0	4	0	4	0
5	0	5	0	6	0	6	0
7	0	7	0	8	0	8	0
9	0	9	0	>	>	0	0
1	0	0	1	0	0	1	1
2	0	0	2	0	0	2	2
3	0	0	3	0	0	3	3
4	0	0	4	0	0	4	4
5	0	0	5	0	0	5	5
6	0	0	6	0	0	6	6

220002732

Seguin-Karten

7	0	0	7	0	0	7	7
8	0	0	8	0	0	8	8
9	0	0	9	0	0	9	9
1	0	0	0	1	0	0	0
+	+	–	–	=	=	<	<

8	6	4	2	0
8	6	4	2	0
9	7	5	3	1
9	7	5	3	1

220003930

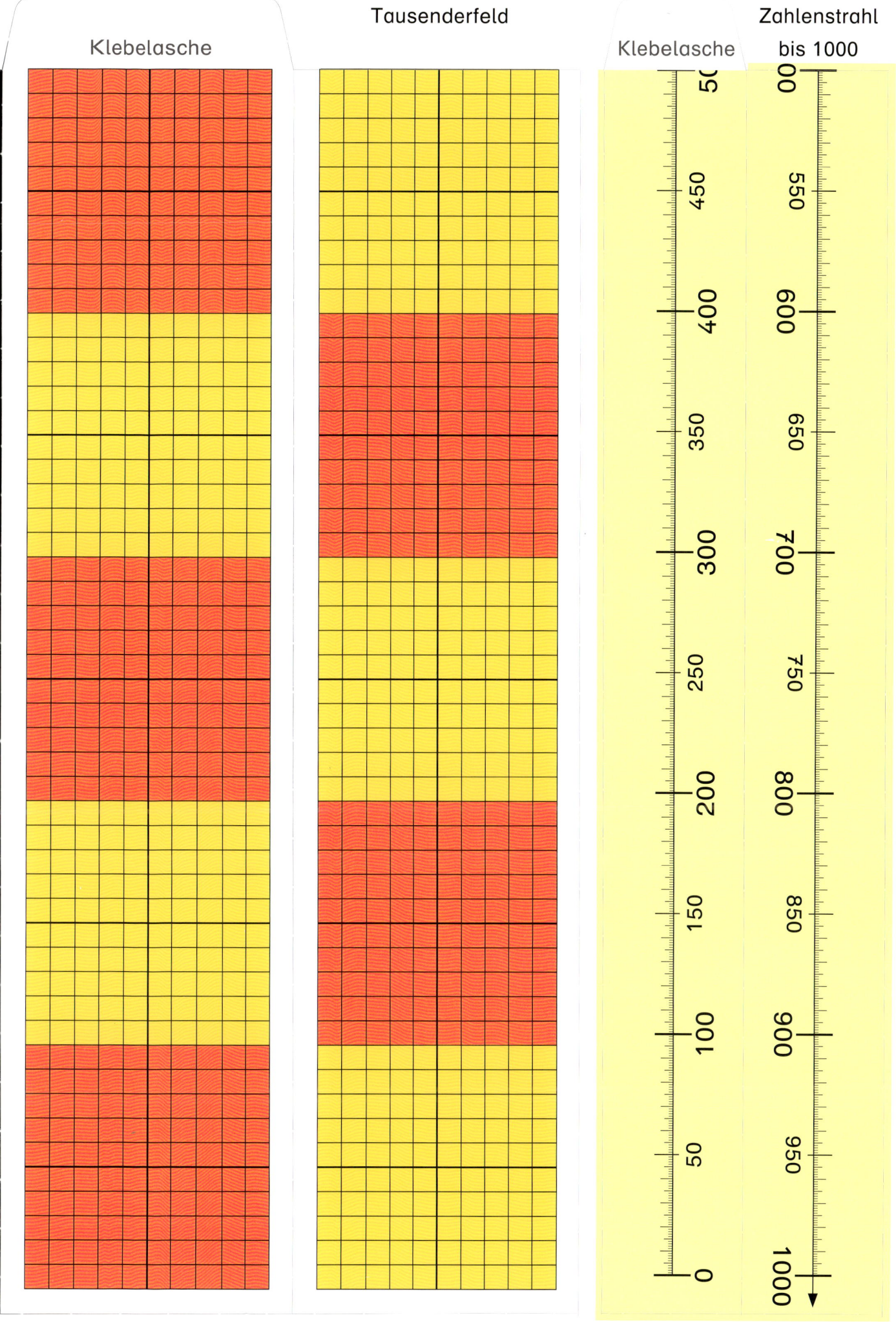

Klebelasche

Tausenderfeld

Klebelasche

Zahlenstrahl
bis 1000

220004145

5 Löse zuerst die Aufgaben, die du im Kopf rechnen kannst.
Rechne die restlichen Aufgaben schriftlich.

640 – 130
rechne ich im Kopf.

640 – 130	305 – 178	510 – 209
854 – 472	763 – 560	1000 – 901
402 – 399	721 – 365	200 – 67

Bilde Minusaufgaben mit diesen Zahlen.

a) Die Ergebnisse sollen größer als 500 sein.

b) Die Ergebnisse sollen kleiner als 400 sein.

c) Das Ergebnis soll zwischen 400 und 500 liegen.

876 298 762 139 354 603 436 542

6 Wie geht es weiter? Ergänze die Aufgaben und rechne.

706   705   704   703
– 107   – 206   – 305   –   –   –

99

7 Wie geht es weiter? Ergänze die Aufgaben und rechne.

910   907   904
– 420   –   –   –   –

485

8 Berechne die Differenz. Kontrolliere mit der Umkehraufgabe,
ob du richtig gerechnet hast.

a) 702   b) 404   c) 528   d) 806
–   –   –   –
356   128   219   367

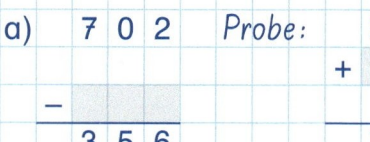

a) 7 0 2   Probe: 3 5 6
–   +
3 5 6   7 0 2

9 Welche Ziffern fehlen bei den Minusaufgaben?

8 _ 4	7 _ _	5 5 5	8 0 9	9 0 7
– _ 3 2	– 4 1 8	– 2 1 _	– _ 7 5	– 3 _ _
5 3 2	2 9 0	3 3 7	3 3 4	5 8 6

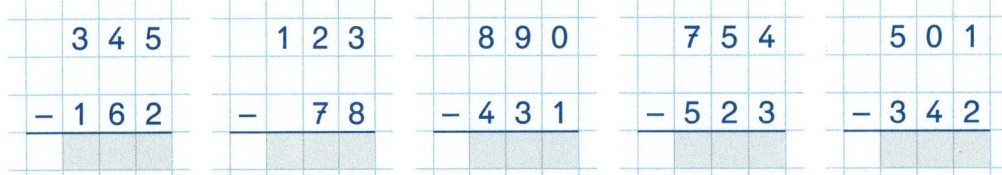

1 Wie oft musst du wechseln? Ordne zu und rechne.

```
  3 4 5      1 2 3      8 9 0      7 5 4      5 0 1
- 1 6 2    -   7 8    - 4 3 1    - 5 2 3    - 3 4 2
```

nicht wechseln   *einmal wechseln*   *zweimal wechseln*

2 Bei welchen Aufgaben findest du Fehler?
Welche Fehler wurden gemacht? Notiere.

a)
```
  7 2 9
- 2 3 4
  4 9 6
```

b)
```
  5 8 1
- 3 6 8
  2 2 7
```

c)
```
  9 5 2
-   7 6
  1 9 2
```

Diese Beschreibungen können dir helfen:

Fehler beim Wechseln

falsche Rechenrichtung

d)
```
  4 2 3
- 1 8 4
  2 3 9
```

e)
```
  6 1 8
- 4 7 0
  2 4 8
```

f)
```
  2 9 4
- 1 6 8
  1 2 6
```

falsch untereinander geschrieben

Rechenfehler

Schreibe falsch berechnete Aufgaben ins Heft und rechne sie richtig.

3 Schreibe stellengerecht untereinander und rechne.

a) 760 – 487   b) 430 – 78   c) 694 – 525   d) 640 – 297
   509 – 58   905 – 408   234 – 67   382 – 176
   600 – 276   305 – 119   793 – 266   124 – 86

Zahlenrätsel

Ich bilde die Differenz aus 607 und 378. Wie heißt meine Zahl?

Ich subtrahiere von 743 die Hälfte von 612. Wie heißt meine Zahl?

Ich bilde aus den Ziffern 0, 4 und 7 die größtmögliche Zahl und subtrahiere diese von 856. Wie heißt meine Zahl?

a)   b)   c)

Lege mit den Ziffernkarten Minusaufgaben mit zwei dreistelligen Zahlen.
Notiere und rechne.

```
0  1  2  3  4  5  6  7  8  9
```

a) Lege Aufgaben, deren Ergebnis zwischen 300 und 400 liegt.
b) Lege Aufgaben mit dem Ergebnis 222, 333, 444, 555, 666.

➡ Beilage zum Schülerbuch: Ziffernkarten

AHA-Zahlen

 1 Diese Zahlen heißen AHA-Zahlen. Warum heißen sie so?

2 a) Finde 10 weitere AHA-Zahlen. Verwende die Ziffern von 1 bis 9.
   Notiere jede Zahl auf einen Zettel.

b) Vergleicht eure AHA-Zahlen. Habt ihr verschiedene
   Zahlen gefunden?

Es gibt
insgesamt
72 AHA-Zahlen.

c) Sammelt die verschiedenen AHA-Zahlen an der Tafel,
   und sortiert sie. Habt ihr allen Zahlen gefunden?

3 Mit AHA-Zahlen kann man besondere Aufgaben bilden.

868	434	626	959	323	535
− 686	− 343	− 262	− 595	− 232	− 353

a) Wie werden AHA-Aufgaben gebildet? Erkläre.

b) Rechne die Aufgaben. Was fällt dir auf?

c) Bilde eigene Aufgaben mit AHA-Zahlen. Schreibe jede Aufgabe auf einen Zettel.

d) Vergleicht eure Aufgaben. Wie könnt ihr sie sortieren?

e) Vergleicht eure Lösungen in der Klasse.

 4 Was fällt dir bei den Ergebnissen auf?

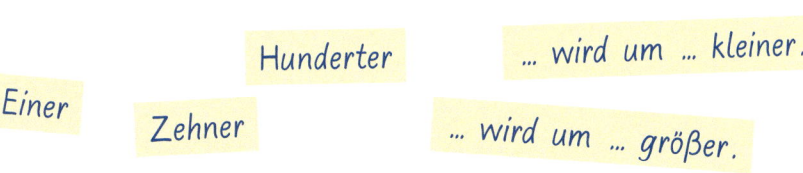

Hunderter   ... wird um ... kleiner.

Einer   Zehner   ... wird um ... größer.

Ordne nach
der Größe.

Tipp

5 Suche dir Aufgaben mit gleichem Ergebnis heraus. Vergleiche sie.
   Was fällt dir auf? Tipp: Achte auf den Unterschied zwischen den Ziffern.

6 Zum Ergebnis 364 gibt es fünf Aufgaben. Schreibe sie auf.

7 Zu welcher Ergebniszahl gibt es die meisten Aufgaben? Warum ist das so?

Ich habe 32,51 € gespart. Von meinem Geld kaufe ich mir dieses Buch und ein Jo-Jo.

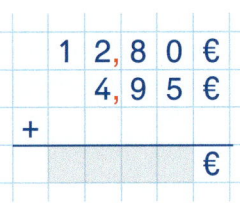

Wie viel Geld hast du dann noch übrig?

	1	2	,	8	0	€
		4	,	9	5	€
+						
						€

Achte darauf, dass Komma unter Komma steht.

	3	2	,	5	1	€
−						€
						€

1 Wie viel Geld muss Anton bezahlen? Wie viel Geld hat Anton übrig?

2 Wie viel Geld müssen die Kinder bezahlen? Wie viel Geld haben sie übrig?

	Ersparnisse	kauft
a) Tobi	24,63 €	16,90 € / 2,85 €
b) Kim	53,06 €	39,99 € / 5,45 €

	Ersparnisse	kauft
c) Olga	37,22 €	9,49 € / 4,95 €
d) Ali	60,81 €	5,75 € / 14,69 €

3 Schreibe alle Angaben als Kommazahlen und subtrahiere.

Man kann nur gleiche Einheiten addieren und subtrahieren!

15 € 23 ct	49,56 €	128 € 5 ct	809 ct
497 ct	19 € 79 ct	948 ct	4 € 32 ct

752 cm	71,77 m	205 m 34 cm	46 m 12 cm
5,59 m	23 m 4 cm	72,65 m	967 cm

4 Wie weit haben Anton und Tobi den Ball geworfen?

Ich habe den Ball 12,50 m weit geworfen.

Mein Ball ist 175 cm vor Annis Ball auf dem Boden gelandet.

Mein Ball ist 265 cm weiter geflogen als Antons Ball.

Anton   Ü: 2 € + 5 € + 3 € = 10 €
Anni   Ü: 2 € + 5 € + 4 € = 11 €

 1 Was meinst du, würdest du zur Kasse gehen?

2 Rechne genau aus, ob das Geld reicht.
Achte darauf, dass Komma unter Komma steht.

3 a) Reicht das Geld? Überschlage.

Pia hat 10 €.	Tim hat 15 €.	Ali hat 20 €.	Jan hat 15 €.	Tom hat 20 €.
1,78 €	5,37 €	4,86 €	7,78 €	2,78 €
4,55 €	6,84 €	12,65 €	5,26 €	11,55 €
3,89 €	1,76 €	2,78 €	1,85 €	3,65 €

b) Rechne genau nach, wenn der Überschlag größer ist als das
zur Verfügung stehende Geld.

4 Was könntest du für 5 Euro einkaufen? Überschlage und rechne genau,
wenn nötig. Finde drei verschiedene Möglichkeiten.

5 Was könntest du für 10 Euro einkaufen? Überschlage und rechne genau,
wenn nötig. Finde drei verschiedene Möglichkeiten.

6 Du hast 20 Euro. Kannst du alle abgebildeten Lebensmittel einkaufen?
Überschlage und rechne genau, wenn nötig.

7 Anni bezahlt 9,37 Euro. Welche vier Lebensmittel hat sie eingekauft?

> Der Fisch
> ist achsensymmetrisch.
> Die gegenüberliegenden Punkte
> haben den gleichen Abstand
> zur Symmetrieachse.

> Dieses Viereck ist nicht
> achsensymmetrisch, weil die beiden
> Teile nicht deckungsgleich sind.

1 Überprüfe die Figuren wie Anni und Anton.
Welche Figuren sind achsensymmetrisch,
welche sind nicht achsensymmetrisch?

Schreibe in dein Heft:
Die Figuren … sind nicht achsensymmetrisch, weil …

> deckungsgleich
> achsensymmetrisch
> nicht achsensymmetrisch
> die Symmetrieachse
> der Abstand

a)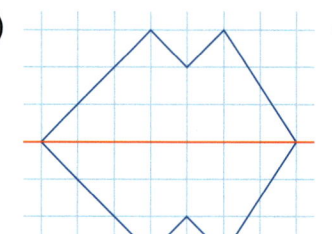

b)

c)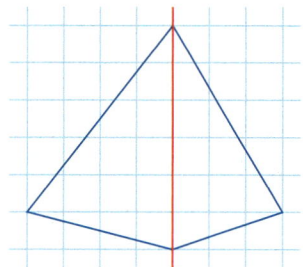

d)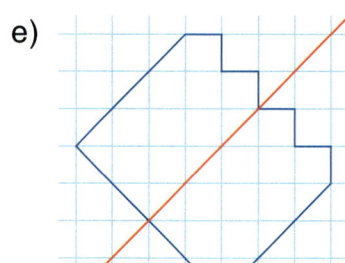

e)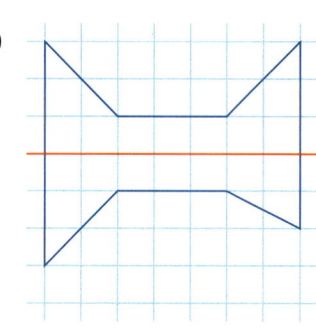

f)

2 Übertrage die Formen in dein Heft. Wie viele Symmetrieachsen
haben die Figuren? Zeichne sie ein.

> Haben alle Figuren eine
> Symmetrieachse?

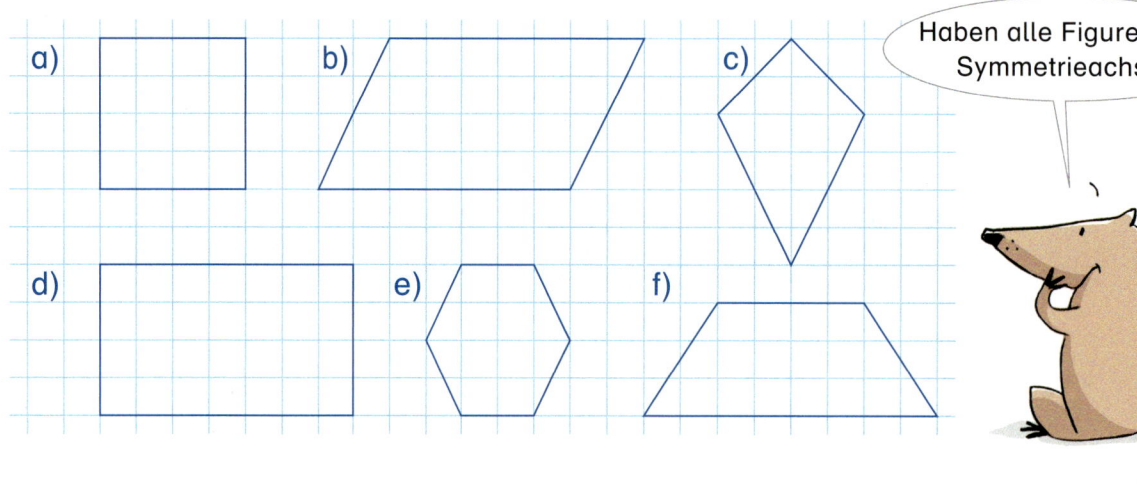

a) b) c)

d) e) f)

1 Übertrage die Figuren in dein Heft und ergänze sie achsensymmetrisch.

a)

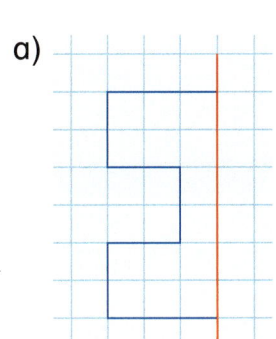

b)

c)

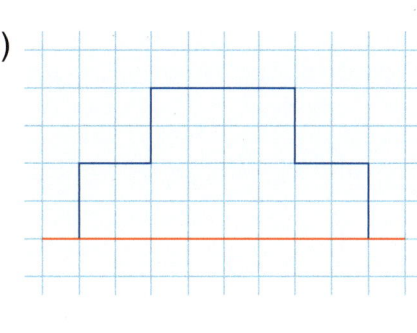

Ich zähle die Kästchen genau ab und markiere die Eckpunkte.

 2 Übertrage die Figuren in dein Heft und ergänze sie achsensymmetrisch.

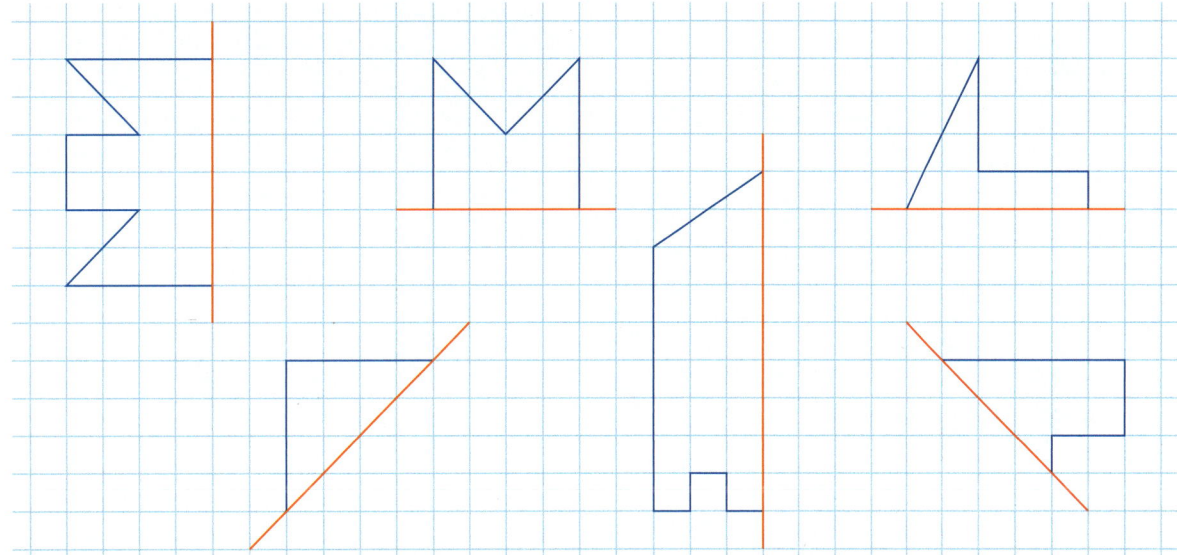

 3 Übertrage die Figuren in dein Heft. Ergänze an jeder Achse symmetrisch.

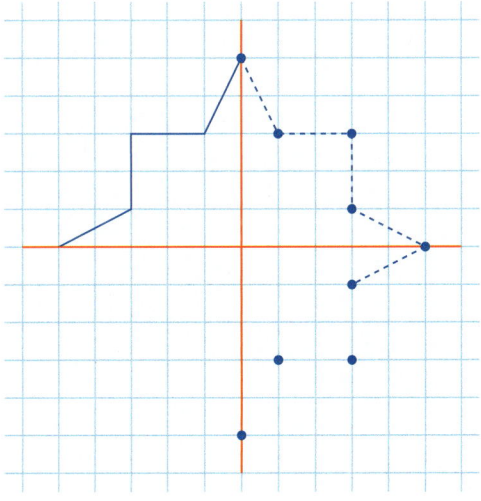

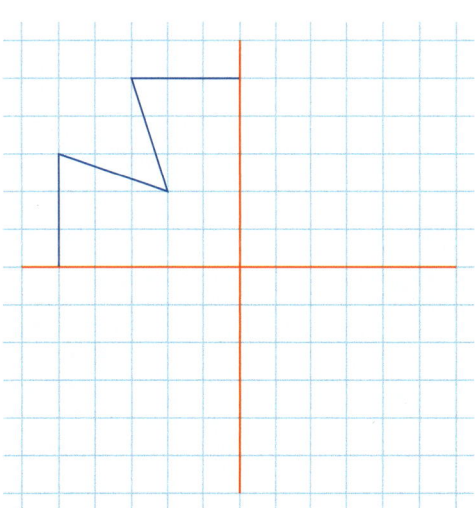

Anton, seine Eltern und seine beiden jüngeren Schwestern wollen mit dem Zug nach Nürnberg fahren. Die Mutter informiert sich im Internet über mögliche Zugverbindungen.

1 Vergleiche: Wie lange dauert die Fahrt von München nach Nürnberg mit dem RE 4006, dem ICE 722 und dem ICE 880?

München – Nürnberg		
	München	**Nürnberg**
RE 4006	ab 09.06 Uhr	an 10.48 Uhr
ICE 722	ab 09.50 Uhr	an 10.57 Uhr
ICE 880	ab 10.16 Uhr	an 11.30 Uhr

2 Mutter entscheidet sich für den ICE 722.
Die einfache Fahrt (München – Nürnberg) kostet für einen Erwachsenen 54 Euro.
Mitreisende Kinder im Alter bis 14 Jahre fahren kostenlos mit.
Wie viel Euro muss die Familie für die Hinfahrt bezahlen?

3 Am Tag der Reise gehen sie zum Bahnhof. Anton schaut auf der Anzeigentafel nach, auf welchem Gleis der Zug abfährt.

MÜNCHEN HAUPTBAHNHOF				
Abfahrt	**Zug**	**Ziel**	**Ankunft**	**Gleis**
09:27	RJ 63	Budapest – Keleti	16:49	2
09:28	ICE 610	Dortmund Hbf	15:21	19
09:50	ICE 722	Essen Hbf ü. Nürnberg	15:03	13
10:16	ICE 880	Hamburg Altona	16:08	18

4 Anton schaut auf die große Bahnhofsuhr.
Er überlegt: „Wie lange haben wir noch Zeit, bis der Zug abfährt?"

5 Plötzlich kommt eine Durchsage:

Wann wird der Zug nun in München ankommen?

Achtung! Achtung! Der ICE 722 nach Nürnberg, planmäßige Abfahrt um 9.50 Uhr, hat voraussichtlich 15 Minuten Verspätung.

6 Zuerst schauen sie sich auf dem Bahnhof um, dann gehen sie auf den Bahnsteig. Da hören sie eine neue Durchsage:

Achtung! Achtung! Der ICE 722 nach Nürnberg, planmäßige Abfahrt um 9.50 Uhr, hat nur noch 5 Minuten Verspätung.

„Puh!", sagt Anton, „Gut, dass wir schon auf dem Bahnsteig sind."

Um wie viel Uhr soll der Zug nun ankommen?

Der Zug fährt in den Bahnhof ein. Als sie endlich im Abteil sitzen, meint Anton: „Das war ganz schön aufregend."

7 Welche Informationen kannst du der Anzeigentafel entnehmen?
Stellt euch Fragen dazu.

MÜNCHEN HAUPTBAHNHOF				
Abfahrt	**Zug**	**Ziel**	**Ankunft**	**Gleis**
09:19	ICE 1608	Hamburg Altona	18:10	18
09:27	RJ 63	Budapest – Keleti	16:49	2
09:28	ICE 610	Dortmund Hbf	15:21	19
09:31	EL 85	Bologna Centrale	16:20	13
09:45	EL 390	Frankfurt/Main	13:40	12
09:50	ICE 722	Essen Hbf	15:03	23
10:16	ICE 880	Hamburg Altona	16:08	22
10:27	EL 217	Graz Hbf	16:23	13

Es gibt Vor- und Nachteile mit dem Zug zu fahren. Welche sind das?

8 a) Der ICE 722 fährt von München Hbf nach Essen.
Der Zug hält unterwegs an verschiedenen
Bahnhöfen. Berechne die Fahrzeiten zwischen
den einzelnen Haltestellen.

München – Nürnberg	1 h	7 min
Nürnberg – Würzburg		min

b) Wie lange braucht der Zug von München nach
Essen?

ICE 722	
München Hbf	09:50
Nürnberg Hbf	10:57
Würzburg Hbf	11:53
Aschaffenburg Hbf	12:34
Frankfurt/Main Hbf	13:04
Frankfurt/Main Flughafen	13:22
Köln Messe Deutz	14:14
Düsseldorf	14:38
Duisburg	14:51
Essen	15:03

9

Fahrpreise:	München – Frankfurt/Main Hbf	98 Euro
– einfache Fahrt	München – Bologna	87,50 Euro
– 2. Klasse	München – Hamburg Altona	142 Euro
	München – Essen	123 Euro

a) Anni möchte mit ihren Eltern und ihren drei Brüdern nach Hamburg fahren.
Die Brüder sind 7, 12 und 16 Jahre alt. Wie viel Euro
muss die Familie für die Hin- und Rückfahrt bezahlen?

Kinder bis 14 Jahre fahren kostenlos.

b) Schau auf die Anzeigentafel von Aufgabe 7. Welchen der beiden
Züge nach Hamburg würdest du für die Hinfahrt wählen? Warum?

c) Stell dir vor, du fährst mit deiner Familie von München
nach Essen und wieder zurück. Was kostet die Fahrt?

… ist schwerer als …
… ist leichter als …
… ist gleich schwer wie …
das Gleichgewicht
das Ungleichgewicht

 1 Nehmt die abgebildeten Gegenstände aus euren Schultaschen.

a) Ordnet sie von leicht nach schwer.

b) Vergleicht eure Anordnungen in der Klasse.

 2 Überprüft eure Anordnung
mit der Kleiderbügelwaage.

Ihr benötigt
einen Kleiderbügel,
zwei Plastiktüten
(z. B. Müllbeutel) und
etwas Schnur.

im Gleichgewicht

im Ungleichgewicht

 3 Findet weitere Gegenstände in eurer Klasse. Vergleicht das Gewicht
dieser Gegenstände mit der Kleiderbügelwaage.

4 Überlege: Wie oft musst du mindestens wiegen, um herauszufinden,
welches Päckchen das schwerste ist?

a)

b)

 5 a) Ordnet den verschiedenen Waagen diese Namen zu:

Kaufmannswaage Küchenwaage Personenwaage

Briefwaage Paketwaage Balkenwaage Babywaage

b) Wo hast du diese Waagen schon einmal gesehen?

> 1000 Gramm = 1 Kilogramm
>
> 1000 g = 1 kg

6 Beim Wiegen mit einer Balkenwaage verwendet man Gewichtssteine.
Ein Gewichtssatz besteht aus diesen 13 Gewichtssteinen.

a) Welche Gewichtssteine enthält ein Gewichtssatz?
b) Wie viel wiegen alle Gewichtssteine zusammen?
c) Wie funktioniert eine Balkenwaage?

> Warum kommen manche Steine doppelt vor?

7 Wie schwer ist das Obst?

a) b) c)

8 Schau dir die drei Balkenwaagen von Aufgabe 7 an. Mit welchen anderen
Gewichtssteinen könntest du das Obst auch wiegen?

9 Bei einem Gewichtssatz fehlt der 5-Gramm-Stein.
Welche Gewichte kannst du nun nicht mehr ausuwiegen? Finde zehn Beispiele.

Die rückenfreundliche Schultasche

Ist deine Schultasche zu schwer?		
Körper-gewicht	Höchstgewicht der Schultasche	
25 kg	2,5 kg	2 kg 500 g
26 kg	2,6 kg	2 kg 600 g
27 kg	2,7 kg	2 kg 700 g
28 kg	2,8 kg	2 kg 800 g
29 kg	2,9 kg	2 kg 900 g
30 kg	3,0 kg	3 kg
31 kg	3,1 kg	3 kg 100 g
32 kg	3,2 kg	3 kg 200 g
33 kg	3,3 kg	3 kg 300 g
34 kg	3,4 kg	3 kg 400 g
35 kg	3,5 kg	3 kg 500 g

Ich wiege 27 kg.

Ich schaue auf dem Plakat nach.

1 Ist Annis Schultasche zu schwer?

2 Überprüft, ob eure Schultaschen zu schwer sind.

Achte auf deine Gesundheit! Deine Schultasche darf nicht zu schwer sein.

a) Erstellt eine Tabelle.

Name	Körpergewicht	Gewicht der Schultasche	Zu schwer?

b) Warum sind eure Schultaschen unterschiedlich schwer?

c) Wie könnt ihr beim Packen eurer Schultasche Gewicht einsparen?

3 Bei welchen Kindern ist die Schultasche zu schwer? Überprüfe und schreibe auf.

	Pia	Lukas	Emilio	Marie
Körpergewicht	28 kg	30 kg	32 kg	29 kg
Leergewicht der Schultasche	1 kg	1 kg 100 g	1 kg 200 g	1 kg 100 g
Gewicht des Inhaltes	1 kg 900 g	2 kg 850 g	2 kg	1 kg 900 g

4 Wie schwer sind die Schultaschen?

Alis Tasche ist 100 g schwerer als Tobis Tasche.

Tobis Tasche wiegt 200 g mehr als Olgas Tasche.

Noemis Tasche ist 400 g leichter als Alis Tasche.

Olgas Tasche wiegt 2 kg und 700 g.

5 In Antons und Annis Klasse wiegen alle Schultaschen zusammen ungefähr 75 kg. Wie schwer müsste ein Riese sein, der dieses Gesamtgewicht gerade noch tragen könnte, ohne damit seinem Rücken zu schaden?

| 1 g | 10 g | 100 g | 250 g | 500 g | 1 kg |

1 Finde Gegenstände in deiner Schultasche oder im Klassenraum, die ungefähr so viel wiegen wie die oben abgebildeten Gegenstände.

2 a) Ordne richtig zu.   A: 8 0 k g

| A | B | C | D | E |
| F | G | H | I | J |

| 3 g | 160 g | 430 g | 1 kg 200 g | 3 kg 500 g |
| 5 kg | 28 kg | 80 kg | 600 kg | 900 kg |

b) Ordne die Gewichtsangaben. Beginne mit dem größten Gewicht.

3 a) Ordne die Gewichtsangaben. Beginne mit dem kleinsten Gewicht.

| 29 kg 500 g | 750 g | 150 kg | 180 g | 5 kg 400 g |

b) Zwei Bilder passen sicher nicht zu den Gewichtsangaben. Notiere.

4 Kann das stimmen?

Die Mathematikbücher aller Kinder deiner Klasse wiegen zusammen mehr als 20 kg.

105

Steckbrief

Südamerikanischer Nasenbär

Körperlänge:
W: 45 – 55 cm
M: 50 – 70 cm

Gewicht:

Nahrung:

Alter:

Tragzeit: 77 Tage

Geburtsgewicht:

Junge pro Wurf: 3 – 7

Der Südamerikanische Nasenbär

Der Nasenbär lebt in den Wäldern Südamerikas.

Bei seiner Geburt wiegt ein Nasenbär ungefähr 150 Gramm. Ausgewachsen wiegt er 3 bis 6 Kilogramm und ist vom Kopf bis zum Po 45 bis 70 Zentimeter lang. Der Schwanz ist noch einmal ungefähr so lang wie der Körper. Die Männchen sind schwerer und größer als die Weibchen.

Nasenbären sind Allesfresser. Sie ernähren sich von Beeren, Früchten, Eiern, Vögeln, Fischen sowie Insekten aller Art. Ihre Nahrung suchen die Nasenbären meist auf dem Boden oder am Wasser. Zum Schlafen klettern sie auf Bäume. Beim Laufen auf dem Boden wird der Schwanz senkrecht in die Höhe gestreckt. Beim Klettern dient er zur Balance.

Weibchen und Jungtiere leben in Gruppen von 4 bis 20 Tieren. Die Männchen sind Einzelgänger.

In der Natur werden Nasenbären bis zu 14 Jahre alt.

 1 Du kannst im Text vieles über Nasenbären erfahren. Welche Information findest du interessant? Erzähle.

 2 Ergänze den Steckbrief des Nasenbären und schreibe ihn in dein Heft.

3 Körperlänge von Nasenbären

a) Wie lang wird ein kleines Weibchen vom Kopf bis zur Schwanzspitze?

b) Wie lang wird ein großes Männchen vom Kopf bis zur Schwanzspitze?

4 Gewicht von Nasenbären

a) Wie schwer werden Nasenbären mindestens?

b) Wie schwer werden Nasenbären höchstens?

c) Welches Tier wiegt ungefähr so viel wie ein Nasenbär?

d) Wie viele Nasenbären sind so schwer wie du?

e) Ein Weibchen wiegt 3 kg 800 g.
Wie viel Gewicht hat es seit seiner Geburt zugenommen?

f) Ein Männchen wiegt 5 kg 600 g.
Wie viel Gewicht hat es seit seiner Geburt zugenommen?

5 Nachwuchs von Nasenbären

a) Nach wie vielen Wochen Tragzeit kommen die jungen Nasenbären zur Welt?

b) Eine Nasenbärin bekommt einmal im Jahr Junge, zum ersten Mal im Alter von 2 Jahren. Wie viele Junge kann sie in ihrem Leben höchstens bekommen?

Steckbrief

Große Braune Fledermaus

Länge: ca. 12 cm

Gewicht: 18 – 20 g

Nahrung: Insekten

Alter: bis 15 Jahre

Tragzeit: 60 Tage

Geburtsgewicht: 3 g

Junge pro Wurf: 1 – 2

Die Große Braune Fledermaus

Es gibt auf der Welt ungefähr 900 Arten Fledermäuse. Die meisten Fledermäuse sind nachtaktiv. Auch die Großen Braunen Fledermäuse gehen nachts auf Nahrungssuche. Sie ernähren sich von Insekten. Mit ihren 32 Zähnen können sie leicht den Panzer von Käfern und ähnlichen Tieren knacken. Jede Nacht jagen sie ca. 100 Minuten lang. Den Rest der Nacht verbringen sie in einem Unterschlupf.

Diese Fledermäuse haben eine Flügelspannweite von 30 bis 33 Zentimetern. Im Flug schlagen sie über 9-mal pro Sekunde mit ihren Flügeln. Ihre Ohren sind 40 Millimeter lang.

30 – 33 cm

Weibchen und Jungtiere leben in großen Gruppen. Eine Gruppe kann aus mehreren Hundert Fledermäusen bestehen. Die Männchen leben als Einzelgänger oder in kleinen Gruppen. Im Frühjahr und Sommer fressen sich die Fledermäuse eine Fettschicht an. Im Winter halten die Tiere mehrere Monate Winterruhe in hohlen Bäumen. In dieser Zeit verliert eine Fledermaus ein Viertel ihres Gewichts.

6 Welche Aussagen sind richtig? Schreibe sie auf.

a) Eine Fledermaus wird ungefähr 30 cm lang.

b) Bei der Geburt wiegt eine Fledermaus 3 g.

c) Ausgewachsen ist sie 18 g bis 20 g schwer.

d) Eine Fledermaus kann bis zu 60 Tage alt werden.

Im Münchner Tierpark Hellabrunn gibt es eine Fledermausgrotte.

7 Welche Aussagen sind richtig? Schreibe sie auf.

a) Eine ausgewachsene Fledermaus hat seit ihrer Geburt ungefähr 7 g zugenommen.

b) Eine ausgewachsene Fledermaus ist ungefähr 7-mal so schwer wie bei ihrer Geburt.

c) 10 Fledermäuse sind so schwer wie eine Tafel Schokolade.

d) Der Körper einer Fledermaus ist dreimal so lang wie ihre Ohren.

e) Die Flügelspannweite der Fledermaus ist mehr als doppelt so lang wie ihre Körperlänge.

f) Die Fledermaus schlägt im Flug über 9-mal pro Minute mit den Flügeln.

g) Die Fledermaus jagt pro Nacht mehr als 2 Stunden.

8 Beantworte die Fragen.

a) Eine Fledermaus wiegt im Herbst 20 g. Wie viel wiegt sie nach der Winterruhe?

b) Wenn sie Jungtiere hat, frisst eine Fledermaus jede Nacht ihr eigenes Körpergewicht an Insekten. Wie viele Insekten muss sie fressen, wenn ein Insekt ein halbes Gramm wiegt?

c) Wie oft schlägt eine Fledermaus in einer Minute mit den Flügeln?

1 Rechne. Was fällt dir bei den Häusern auf?

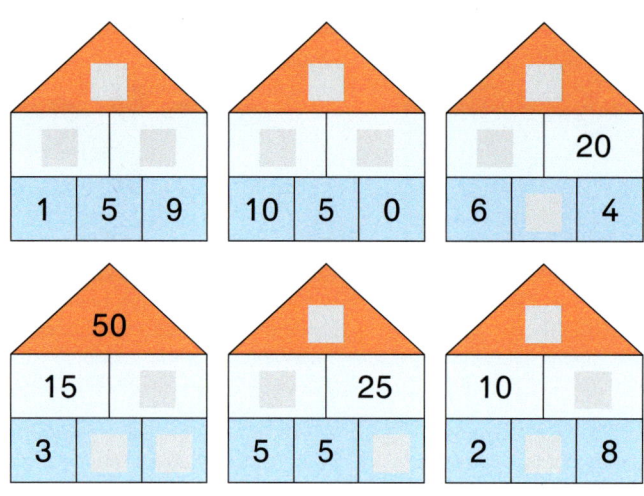

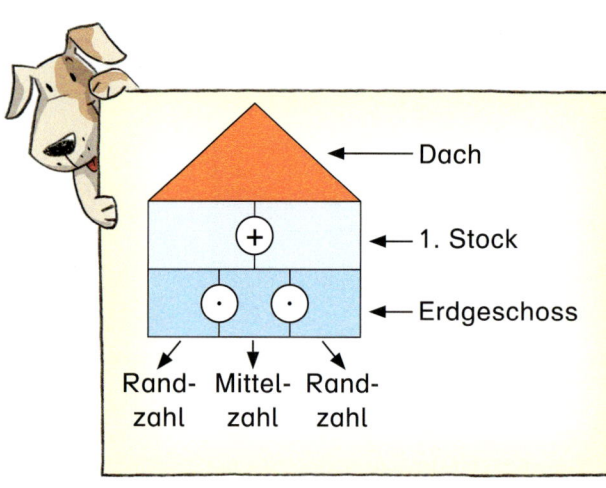

2 Hier gibt es viel zu entdecken!

9	18	27	36	45
1 ... 8	2 ... 7	3 ... 6	4 ... 5	5 ... 4

a) Wie heißen die fehlenden Zahlen? Probiere.

b) Setze die Häuserreihe fort.

c) Vervollständige die Aussagen.

Die Dachzahl ist immer ☐ -mal so groß wie die ...

Die Dachzahl wird immer um ☐ größer.

Die beiden Randzahlen ergeben zusammen immer ☐.

Die Mittelzahl wird immer um ☐ ...

Alle Dachzahlen sind aus der ☐ -Reihe.

3 Rechne.

a)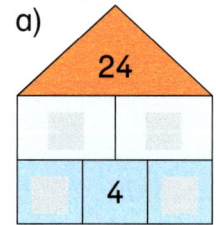

b)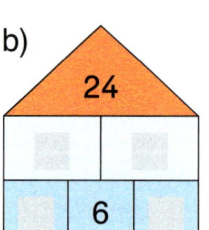

4 Wie viele verschiedene Lösungen findest du? Probiere.

a)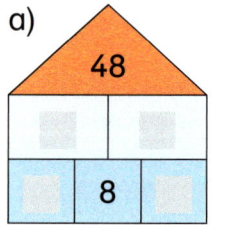

b)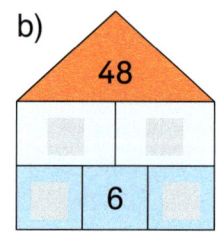

c)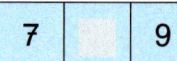

d)

5 Wie viele Häuser gibt es?

35

Die höchste Dachzahl gewinnt

 1 a) Spielt das Spiel „Die höchste Dachzahl gewinnt".

b) Ist es wirklich sicher, dass Anton gewinnt? Erkläre.

2 Mit welchen Würfelzahlen kann Anni gewinnen? Schreibe die Zahlen auf.

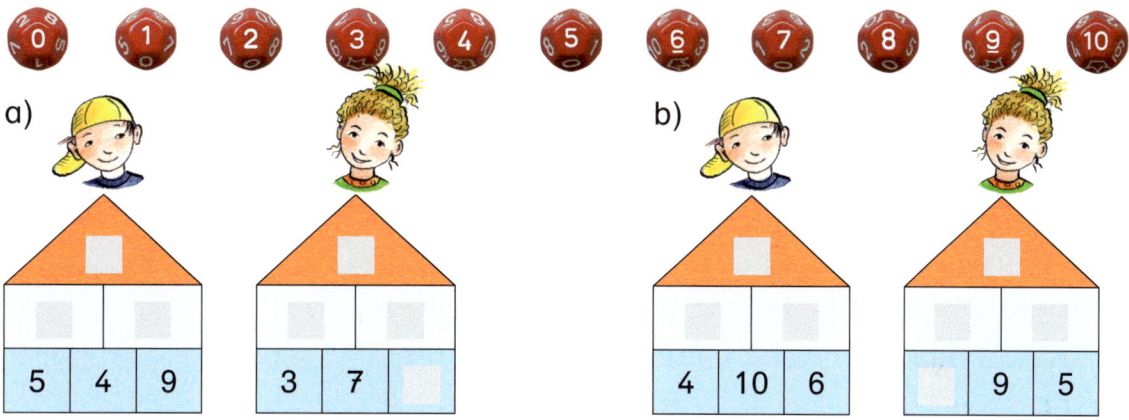

3 Welche Aussage ist richtig? Begründe.

a) Es ist möglich, aber nicht sicher, dass Anni gewinnt.

b) Es ist sicher, dass Anni gewinnt.

c) Es ist unmöglich, dass Anni gewinnt.

4 Anni hat gewonnen.

Welche Zahlen könnten Anton und Anni gewürfelt haben?

Finde mehrere Möglichkeiten.

1 Was fällt dir auf? Was meint Anni? Erkläre.

multiplizieren = malnehmen
die Multiplikation

2 Lege mit dem Material und rechne.

a) 4 · 3   b) 2 · 5   c) 3 · 4   d) 4 · 5   e) 5 · 3   f) 6 · 2
   4 · 30   2 · 50   3 · 40   4 · 50   5 · 30   6 · 20

3 Rechne. Bilde vier weitere Aufgabenpaare.

a) 6 · 6   b) 7 · 8   c) 9 · 4   d) 8 · 3   e) 5 · 7   f) 4 · 9
   6 · 60   7 · 80   9 · 40   8 · ☐   5 · ☐   4 · ☐

4 Rechne. Finde vier weitere Aufgabenpaare.

a) 6 · ☐ = 54   b) 3 · ☐ = 24   c) 7 · ☐ = 63   d) 5 · ☐ = 20
   6 · ☐ = 540   3 · ☐ = 240   7 · ☐ = 630   5 · ☐ = ☐

5 Tauschaufgaben

a) 5 · 60   b) 8 · 90   c) 4 · 70   d) 9 · 30   e) 7 · 50   f) 3 · 20
   60 · 5   90 · 8   70 · 4   90 · 3   50 · 7   20 · 3

6 Rechne.

a) 3 · ☐ = 150   b) 60 · ☐ = 420   c) 9 · ☐ = 180   d) 80 · ☐ = 640
   40 · ☐ = 360   50 · ☐ = 450   8 · ☐ = 320   7 · ☐ = 490

7 Finde möglichst viele Malaufgaben, bei denen das Ergebnis größer als 500 ist.

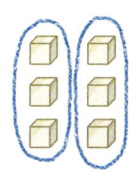 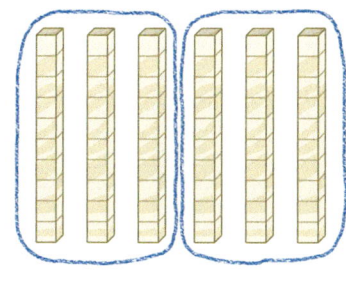

Hier rechne ich auch zuerst die einfache Aufgabe 6 : 2 = 3. 6 Zehner : 2 = 3 Zehner, das sind 30.

dividieren = teilen
die Division

6 : 2 = 3   60 : 2 = ☐

1 Rechne.

a)   9 : 3   b)   8 : 2   c)   12 : 4   d)   15 : 3   e)   20 : 5
     90 : 3   80 : 2   120 : 4   150 : 3   200 : 5

2 Rechne. Finde vier weitere Aufgabenpaare.

a) 45 : 9   b) 35 : 5   c) 28 : 4   d) 64 : 8   e) 36 : 6
   450 : 9   350 : 5   280 : ☐   ☐ : ☐   ☐ : ☐

3 Rechne. Die einfache Aufgabe hilft. Finde vier weitere Aufgabenpaare.

a)   12 : 4   b)   18 : 3   c)   45 : 5
    120 : 40   180 : 30   450 : 50

d)   27 : 9   e)   20 : 4   f)   56 : 7
    270 : 90   200 : 40   560 : 70

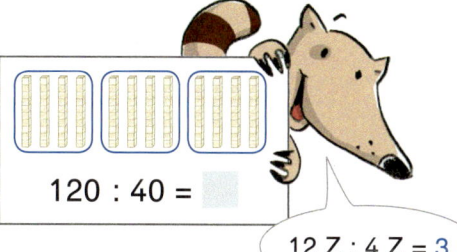

120 : 40 = ☐

12 Z : 4 Z = 3

4 Rechne.

a) 180 : 20   b) 150 : 3   c) 360 : 60   d) 480 : 8   e) 420 : 60
   250 : 50   810 : 9   400 : 50   210 : 3   630 : 90
   810 : 90   160 : 4   120 : 40   500 : 5   560 : 70

5 Für das Jugendschwimmabzeichen Bronze muss Anni 200 m schwimmen.
Wie viele 50-Meter-Bahnen sind das?

6 Zahlenrätsel

Wenn ich meine Zahl durch 4 dividiere und dann 20 subtrahiere, erhalte ich 60.

Wenn ich meine Zahl mit 50 multipliziere und dann 10 addiere, erhalte ich 310.

 Denke dir eigene Zahlenrätsel aus. Gib sie deinem Partner zum Lösen.

15 ist ein Vielfaches von 5.

3 · 5 = 15

15 ist das Dreifache von 5.

1 Wer hat recht? Erkläre.

2 a) Notiere das Dreifache von 4, 5, 7, 8.
b) Notiere das Fünffache von 2, 4, 7, 9.

a)   3 · 4 =

3 Kreise auf deiner Hundertertafel ein. Was fällt dir auf? Erkläre.

a) grün:
alle Vielfachen von 2.

b) blau:
alle Vielfachen von 5.

c) rot:
alle Vielfachen von 10.

4 Richtig oder falsch?
Überprüfe mit der Hundertertafel und schreibe die richtigen Sätze auf.

a) 55 ist das Elffache von 5.

b) 30 ist das Vierfache von 15.

c) Jedes Vielfache von 10 ist auch Vielfaches von 2.

d) Jedes Vielfache von 5 ist auch Vielfaches von 10.

e) Jedes Vielfache von 10 ist auch Vielfaches von 5.

f) Jedes Vielfache von 5 ist eine ungerade Zahl.

5 Zahlenrätsel

a) Jan subtrahiert von 500 das Fünffache von 9. Welche Zahl erhält er?

b) Pia addiert zum Sechsfachen von 40 das Dreifache von 200. Welche Zahl erhält sie?

6 Zahlenrätsel

a) Olga addiert zum Neunfachen von 60 das Sechsfache ihrer Zahl. Als Ergebnis erhält sie 900. Wie heißt Olgas Zahl?

b) Tobi subtrahiert vom Achtfachen seiner Zahl das Siebenfache von 60 und erhält das Dreifache von 100. Wie heißt Tobis Zahl?

Teiler von Zahlen

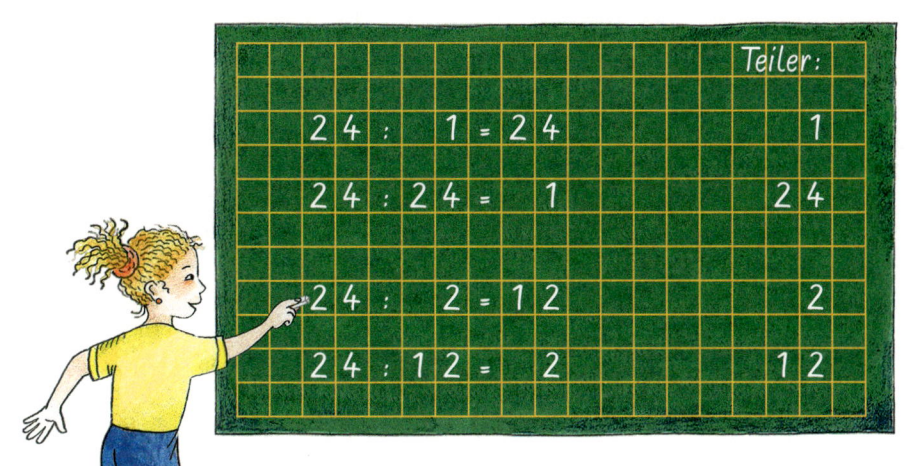

Alle Zahlen, durch die eine Zahl ohne Rest teilbar ist, heißen Teiler dieser Zahl.

1 Welche Teiler von 24 fehlen noch?

2 Notiere die Teiler zu den Zahlen. Kreise die gemeinsamen Teiler ein.

a) 10, 30, 50 b) 35, 45, 55

c) 49, 25, 9 d) 13, 17, 19

Die **Teiler von** 10 sind 1, 2, 5, 10.
10 ist **teilbar durch** 1, 2, 5, 10.

3 Welche Behauptungen sind falsch? Finde eine Aufgabe, die das zeigt.

a) 5 ist ein Teiler von 45.

b) Die Zahl 30 ist nur durch gerade Zahlen teilbar.

c) Die Zahl 27 hat nur ungerade Zahlen als Teiler.

d) 28 ist teilbar durch 1, 2, 3, 7.

e) Jeder Teiler von 12 ist auch Teiler von 30.

f) Die Zahl 40 hat acht Teiler.

g) Die Teiler von 15 sind auch Teiler von 30.

4 Bilde Gruppen. In jeder Gruppe sollen gleich viele Kinder sein.
Welche Möglichkeiten gibt es?
Bei welcher Schülerzahl gibt es die meisten Möglichkeiten?

a) 21 Schüler b) 26 Schüler c) 24 Schüler d) in deiner Klasse

5 Wie viele Kinder sind in Ollis Ferienlager?

Wir sind mehr als 30, aber weniger als 40 Kinder. Egal, ob wir uns in Zweier-, Dreier- oder Viererreihen aufstellen. Immer ein Kind bleibt übrig.

1

Anni und Anton spielen „Paare finden"
mit 36 Karten. Am Ende des Spiels
legen sie die beiden Stapel mit ihren
Karten nebeneinander.
Anton hat 8 Karten mehr als Anni.

Wie viele Karten hat Anton?
Wie viele Karten hat Anni?

Im Text sind wichtige Informationen markiert.
Wie löst du die Aufgabe?
Eine Tabelle oder Skizze kann dir helfen.

 Eine Tabelle zum Probieren

 Eine Skizze

alle Karten zusammen	Antons Karten	Annis Karten	Unterschied
3 6	2 0	1 6	4
3 6			

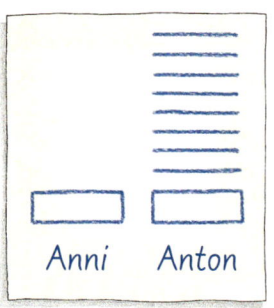

Anni   Anton

2 Jana und Emilio spielen mehrere Runden „Paare finden" mit 42 Karten.
Wie viele Karten hat jeder am Ende des Spiels?

a) Jana hat 10 Karten mehr als Emilio.

b) Jana hat 6 Karten weniger als Emilio.

c) Jana hat doppelt so viele Karten wie Emilio.

3 Anton und Anni spielen mit 40 Karten. Anni gewinnt. Sie hat 12 Karten mehr.
Welche Lösungen können nicht stimmen? Woran erkennst du das?

A	B	C	D
Anni: 12 Karten	Anton: 10 Karten	Anni: 14 Karten	Anni: 26 Karten
Anton: 28 Karten	Anni: 22 Karten	Anton: 26 Karten	Anton: 14 Karten

4

Anni und Nico wollen Anton zum Geburtstag
einen Schal in den Farben blau und weiß stricken.
Anni strickt den weißen Teil und Nico den blauen.
Der blaue Teil ist 30 cm länger als der weiße. Zum
Schluss näht Annis Mutter beide Teile aneinander.
Der Schal ist dann genau 200 cm lang.

Wie viele cm hat Nico gestrickt?
Wie viele cm hat Anni gestrickt?

a) Im Text sind zu viele Informationen markiert. Schreibe nur die Informationen
heraus, die du zum Lösen der Aufgabe brauchst.

b) Wie löst du die Aufgabe? Was überlegst du dir? Wie gehst du vor?
Eine Skizze 🖊 oder Tabelle 📋 kann dir helfen.

c) Überprüfe deine Lösung:
Sind beide Teile zusammen 200 cm lang?
Ist Tobis Teil 30 cm länger als Annis Teil?

5 Wie groß ist Emilio? Wie groß ist Kim? Wie löst du diese Aufgabe?

Ich bin 12 cm
größer als Kim.

Zusammen
sind wir 2,54 m groß.

Vergleicht eure Lösungen. Erkläre deinem Partner deinen Lösungsweg.

6 Wie groß ist Tobi? Wie groß ist Olga?

Zusammen sind
wir 2,58 m groß.

Ich bin 6 cm
kleiner als Tobi.

7

Mutter kauft zwei Bälle, einen großen Softball
und einen Fußball. Sie bezahlt für beide Bälle
zusammen 29,45 Euro.
Der Fußball ist 10,45 Euro teurer als der Softball.

Taschengeld

Ich bekomme 10 Euro im Monat.

Ich bekomme jeden Sonntag 1 Euro.

Ich bekomme kein Taschengeld.

Ich bekomme 2 Euro in jeder Woche.

Wie viel Taschengeld?
Das Bundesfamilienministerium empfiehlt:

wöchentlich
unter 6 Jahre: 50 Cent
6 – 7 Jahre: 1,50 – 2,00 Euro
8 – 9 Jahre: 2,00 – 2,50 Euro

monatlich
10 – 11 Jahre: 12 – 15 Euro

(**6 – 7** Jahre bedeutet: **6** bis **7** Jahre)

 1 Vergleiche die Angaben der Kinder mit den Empfehlungen im Text.

2 a) Bekommst du Taschengeld? Wie viel Euro?
Schreibe den Betrag auf einen Zettel.

Ich bekomme kein Taschengeld …

b) Sammelt alle Zettel an der Tafel.
Vergleicht miteinander.

Was machst du mit deinem Taschengeld?
Schreibe auf.

3 Anni hat eine Woche lang aufgeschrieben, wofür sie Geld ausgegeben hat. Wie viel Geld hat sie insgesamt ausgegeben?

Anni: Meine Ausgaben		
Mittwoch	1 Zeitschrift	1,80 €
Donnerstag	–	
Freitag	1 Kugel Eis	0,80 €
Samstag	1 Flummi	0,90 €
Sonntag	–	
Montag	Sammelkarten	0,50 €
Dienstag	–	

4 Berechne die Ausgaben von Ali und Olga.

Ali: Meine Ausgaben		
Donnerstag	–	
Freitag	Sammelkarten	0,50 €
Samstag	1 Flummi	0,90 €
Sonntag	–	
Montag	1 Leuchtstift	0,90 €
Dienstag	–	
Mittwoch	1 Schokoriegel	0,39 €

Olga: Meine Ausgaben		
Montag	Sammelkarten	0,50 €
Dienstag	–	
Mittwoch	1 Zeitschrift	1,80 €
Donnerstag	1 Zeitschrift	1,70 €
Freitag	1 Kugel Eis	0,80 €
Samstag	–	
Sonntag	–	

 5 Erstellt Plakate mit Preislisten von Dingen, für die ihr euer Geld ausgebt, zum Beispiel Spielzeug, Zeitschriften, Sammelkarten …

1

Anton wünscht sich ein neues Fahrrad. Es kostet 249 Euro.
Er hat schon 82 Euro gespart. Oma und Opa schenken ihm
zum Geburtstag 50 Euro. Von seiner Patentante bekommt
er eine Tafel Schokolade und 25 Euro. Sein Vater sagt:
„Du bekommst jeden Monat 10 Euro Taschengeld. Wenn du
es noch 3 Monate sparst, geben wir dir den Rest dazu."
Wie viel Euro geben Antons Eltern dazu?

Schreibe die Informationen, die du zum Rechnen brauchst, heraus.
Löse die Aufgabe und schreibe eine Antwort.

Fahrrad: 249 €	Spardose	82 €
	Oma und Opa	50 €
	...	

2 Löse diese Aufgabe wie bei Aufgabe 1.

Ina hätte gerne ein Skateboard. Es kostet 58 Euro.
Da Ina kein Taschengeld bekommt, wollen ihre Eltern
ihr die Hälfte des Kaufpreises dazugeben.
Von ihrer Oma bekommt Ina 10 Euro und von den
anderen Großeltern 15 Euro.
Wie viel Euro fehlen ihr noch?

3

Anna hat von ihrem Taschengeld 9 Euro
gespart. Sie möchte sich dafür gerne im
Spielzeugladen neue Sammelkarten mit ...

gespart: 9 €
kaufen: 10 Päckchen
Preis pro Päckchen: 50 ct

a) Schreibe die Geschichte weiter. Es müssen alle Informationen von dem
   Stichwortzettel vorkommen.
b) Schreibe auch eine Frage auf, bei der man rechnen muss.

4

Tobi wünscht sich eine tragbare Spielekonsole. Dafür hat er schon 58 Euro
gespart. Oma und Opa geben ihm 40 Euro. Tante Inge, die gerne Rechen-
aufgaben stellt, sagt: „Von mir bekommst du dreimal 7 Euro." Tobi wäscht
Papas Auto zweimal und bekommt dafür jeweils 5 Euro. Seine Eltern schenken
ihm zum Geburtstag 40 Euro. Nun reicht das Geld.
Wie viel Euro kostet die Spielekonsole?

Bandornamente

Jedes Bandornament hat eine Ausgangsfigur, die sich wiederholt.

1 Hier siehst du ein Bandornament.
Welche Formen wurden verwendet?
Beschreibe das Muster.

2 a) Zeichne dieses Bandornament auf ein Punkteraster.

das **Parallelogramm**
die **Raute**
das **Trapez**
das **Muster**
die **Ausgangsfigur**

b) Umrande die Ausgangsfigur in deinem Bandornament.

3 Zeichne ab und setze das Bandornament in beide Richtungen fort.

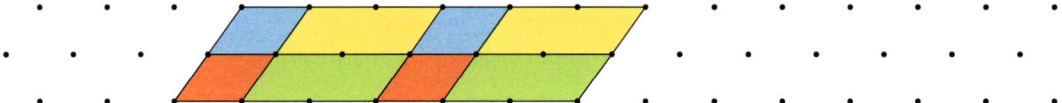

4 Zeichne ab und setze das Bandornament in beide Richtungen fort.

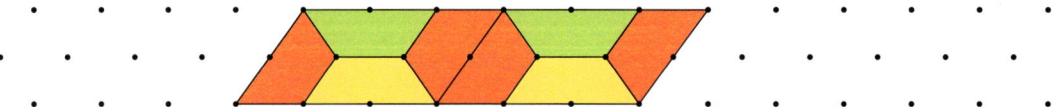

5 Zeichne ab und setze das Bandornament in beide Richtungen fort.

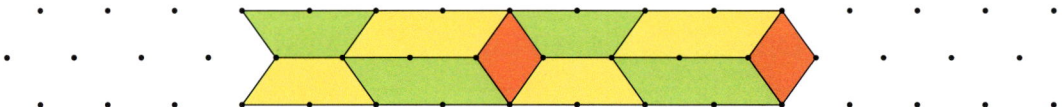

Zeichne eigene Bandornamente.

Auch jede Parkettierung hat eine Ausgangsfigur.

1 Hier siehst du eine Parkettierung. Zeige die Ausgangsfigur. Zeichne diese Parkettierung auf ein Punkteraster und umrande die Ausgangsfigur in dieser Parkettierung.

2 Vergleiche Bandornament und Parkettierung. Was ist der Unterschied?

3 Zeichne ab und setze die Parkettierung in alle Richtungen fort.

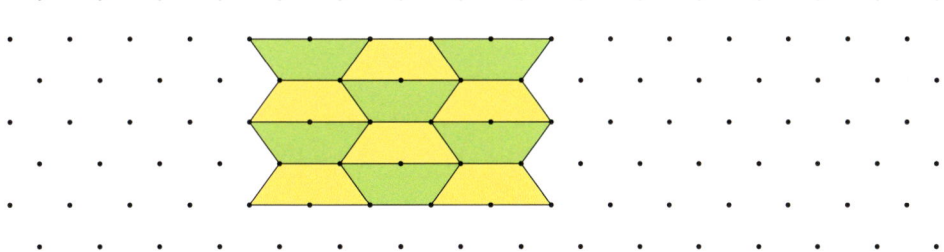

4 Zeichne ab und setze die Parkettierung in alle Richtungen fort.

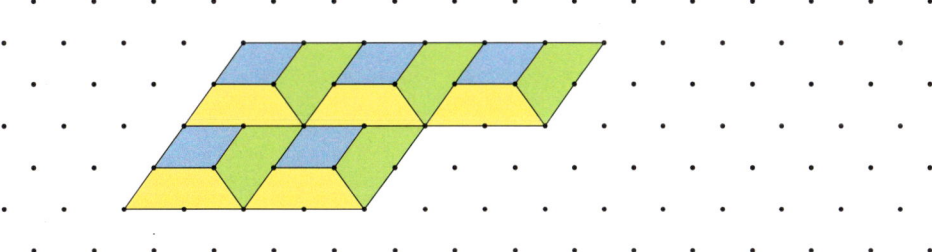

5 Zeichne ab und setze die Parkettierung in alle Richtungen fort.

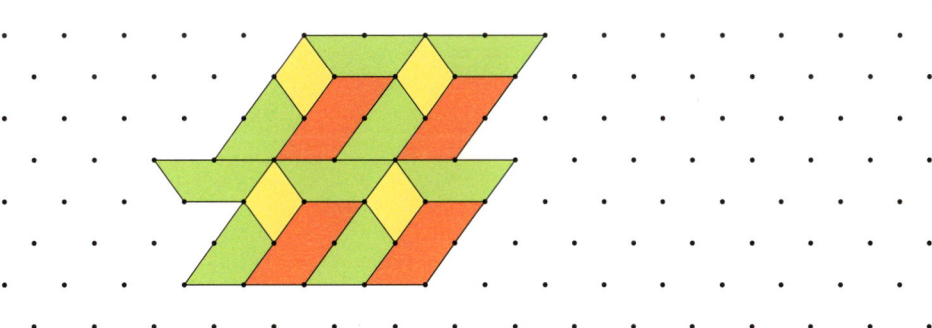

Zeichne eigene Parkettierungen.

Eine Woche hat 7 Tage.
Ein Tag hat 24 Stunden.

7 mal 24 gleich …?

Wie viele Stunden hat eine Woche?

2 4	
2 4	
2 4	
2 4	
2 4	
2 4	
+ 2 4	
1 2	
1 6 8	

Kim

7 · 1 0 = 7 0

7 · 1 0 = 7 0

7 · 4 = 2 8

7 0 + 7 0 + 2 8 = 1 6 8

Nico

7 · 2 0 = 1 4 0

7 · 4 = 2 8

1 4 0 + 2 8 = 1 6 8

Anton

1   Wie haben die Kinder gerechnet? Welchen Rechenweg findest du einfach?

2   Rechne auf deinem Weg.

a) 2 · 17   b) 2 · 27
    6 · 15   4 · 25
    4 · 13   5 · 24
    5 · 19   6 · 26

So notiere ich meinen Weg.

2 · 17 = 34
2 · 10 = 20
2 · 7 = 14
20 + 14 = 34

c) Vergleicht eure Rechenwege.

3   Rechne wie Anton.

a) 6 · 14 = ☐   b) 3 · 24 = ☐   c) 3 · 32 = ☐   d) 4 · 36 = ☐

   6 · 10 = ☐   3 · 20 = ☐   3 · ☐ = ☐   ☐ · ☐ = ☐

   6 · 4 = ☐   3 · 4 = ☐   3 · ☐ = ☐   ☐ · ☐ = ☐

   ☐ + ☐ = ☐   ☐ + ☐ = ☐   ☐ + ☐ = ☐   ☐ + ☐ = ☐

4   Rechne wie Anton.

a) 4 · 17   b) 4 · 32   c) 2 · 85   d) 1 · 47   e) 8 · 36
   6 · 13   6 · 51   7 · 23   9 · 27   0 · 89
   5 · 18   5 · 63   3 · 73   7 · 43   3 · 56

Und so notiere ich diese Malaufgaben.

```
4 2 · 6 = 2 5 2
_____
4 0 · 6 = 2 4 0
  2 · 6 =     1 2

2 4 0 + 1 2 = 2 5 2
```

5 Rechne wie Anni.

a) 17 · 3 = ▢
   10 · 3 = ▢
    7 · 3 = ▢
   ▢ + ▢ = ▢

b) 21 · 7 = ▢
   20 · 7 = ▢
    1 · 7 = ▢
   ▢ + ▢ = ▢

c) 36 · 2 = ▢
   30 · ▢ = ▢
    6 · ▢ = ▢
   ▢ + ▢ = ▢

d) 42 · 3 = ▢
   ▢ · ▢ = ▢
   ▢ · ▢ = ▢
   ▢ + ▢ = ▢

6 Rechne wie Anni.

a) 42 · 6
  59 · 4
  74 · 3

b) 44 · 5
  23 · 9
  64 · 4

c) 33 · 7
  81 · 2
  47 · 6

d) 27 · 5
  36 · 0
  23 · 8

e) 19 · 7
  54 · 8
  71 · 3

7 Rechne wie Anton. Notiere kürzer.

So geht es schneller!

```
a)   4 · 1 1 = 4 0 + 4 = 4 4
     4 · 2 2 = 8 0 + 8 = 8 8
```

a) 4 · 11
  4 · 22
  4 · 33
  4 · 44

b) 5 · 12
  5 · 24
  5 · 36
  5 · 48

c) 3 · 15
  3 · 35
  3 · 45
  3 · 65

d) 6 · 12
  6 · 18
  6 · 25
  6 · 33

8 Welche Aufgaben kannst du schon im Kopf rechnen?
Notiere bei den anderen Aufgaben den Rechenweg.

a) 4 · 18
  4 · 20
  4 · 24
  4 · 25

b) 5 · 28
  5 · 30
  5 · 21
  5 · 15

c) 20 · 7
  26 · 7
  25 · 7
  30 · 7

d) 40 · 3
  45 · 3
  47 · 3
  50 · 3

9 Addiere jeweils die beiden Ergebnisse. Was fällt dir auf? Erkläre.

a) 6 · 35
  6 · 65

b) 4 · 71
  4 · 29

c) 7 · 57
  7 · 43

d) 3 · 38
  3 · 62

e) 8 · 56
  8 · 44

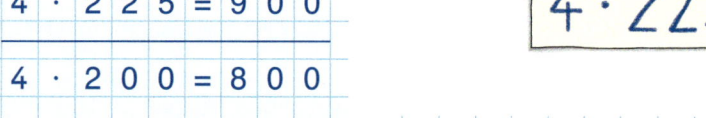

4 · 225

Kim:
```
4 · 225 = 9 0 0
―――――――――――――
4 · 2 0 0 = 8 0 0
4 ·   2 0 =   8 0
4 ·     5 =   2 0
```
Kim

```
4 · 2 2 5 =
8 0 0 + 8 0 + 2 0 = 9 0 0
```
Anton

```
4 · 2 2 5 = 9 0 0
―――――――――――――
2 · 2 2 5 = 4 5 0
2 · 2 2 5 = 4 5 0
```
Anni

```
4 · 2 2 5 = 9 0 0
―――――――――――――
4 · 2 0 0 = 8 0 0
4 ·   2 5 = 1 0 0
```
Ali

```
4 · 2 2 5 = 9 0 0
―――――――――――――
4 · 2 2 0 = 8 8 0
2 ·     5 =   2 0
```
Olli

```
4 · 2 2 5 = 9 0 0
―――――――――――――
4 ·     5 =   2 0
4 ·   2 0 =   8 0
4 · 2 0 0 = 8 0 0
```
Jana

 1 a) Wie haben die Kinder gerechnet?

b) Wie rechnest du die Aufgabe? Ist dein Weg dabei?

2 Rechne wie Kim.

a) 3 · 125 =
   ――――――――
   3 · 100 =
   3 · 20 =
   3 ·   5 =

b) 5 · 142 =
   ――――――――
   5 · 100 =
   5 · 40 =
   5 ·   2 =

c) 175 · 2 =
   ――――――――
   100 · 2 =
    70 · 2 =
     5 · 2 =

d) 255 · 3 =
   ――――――――
   200 · 3 =
    50 · 3 =
     5 · 3 =

3 Rechne auf deinem Weg.

a) 2 · 316   b) 128 · 5
   4 · 248   138 · 7
   8 · 123   158 · 5
   2 · 386   109 · 9

c) Vergleicht eure Rechenwege.

4 Notiere die Kurzform wie Anton.

```
4 · 2 4 2 = 8 0 0 + 1 6 0 + 8 =
```

a) 4 · 242   b) 278 · 3   c) 6 · 158
   4 · 202   225 · 3   6 · 134
   4 · 232   245 · 3   6 · 109

5 Übertrage die Tabellen in dein Heft und rechne.

a)

·	40	8	48
5			
6			
7			

b)

·	70	3	73
3			
4			
5			

c)

·	200	34	234
1			
2			
0			

6 Bei welchen Aufgaben siehst du sofort, dass das Ergebnis zu groß
oder zu klein ist? Rechne diese Aufgaben richtig aus.

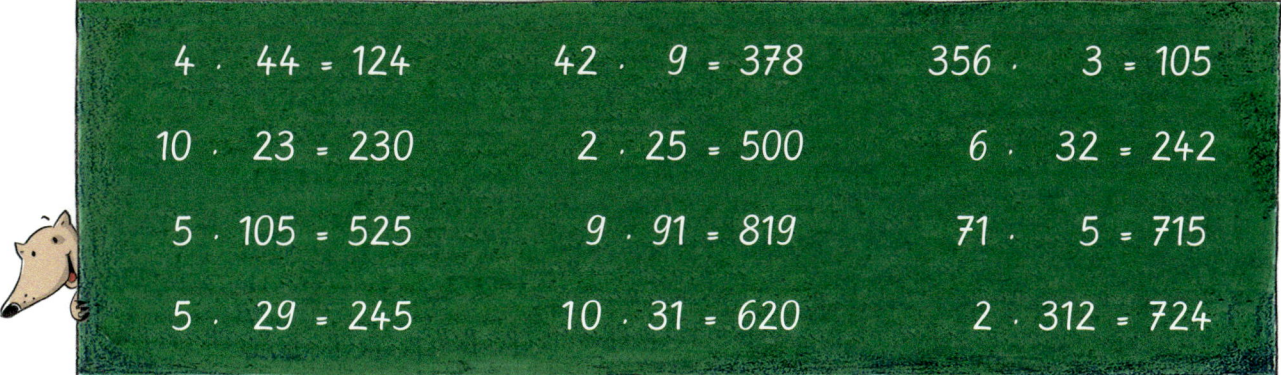

$$4 \cdot 44 = 124 \qquad 42 \cdot 9 = 378 \qquad 356 \cdot 3 = 105$$
$$10 \cdot 23 = 230 \qquad 2 \cdot 25 = 500 \qquad 6 \cdot 32 = 242$$
$$5 \cdot 105 = 525 \qquad 9 \cdot 91 = 819 \qquad 71 \cdot 5 = 715$$
$$5 \cdot 29 = 245 \qquad 10 \cdot 31 = 620 \qquad 2 \cdot 312 = 724$$

7 Wähle immer zwei Zahlen und multipliziere sie.
Das Ergebnis soll kleiner als 500 sein.
Rechne zehn Aufgaben.

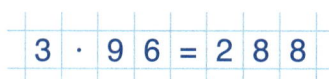

$$3 \cdot 96 = 288$$

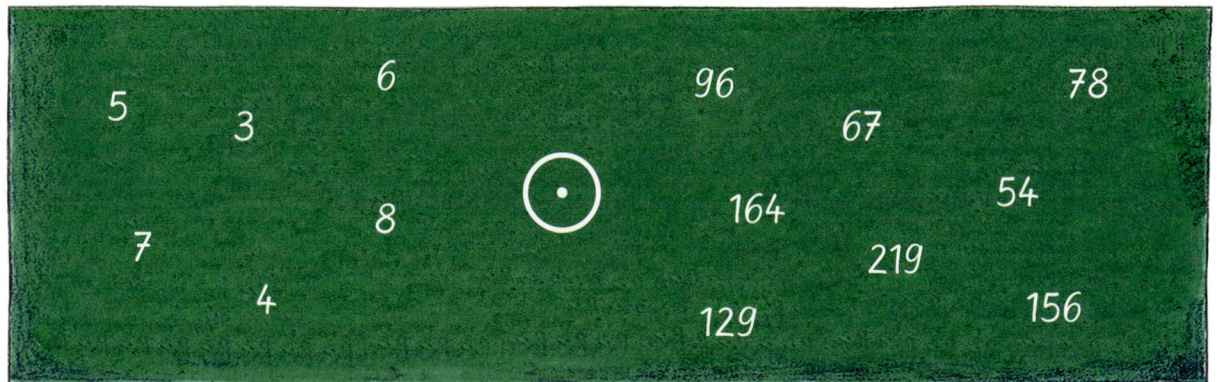

5   6   96   78
3   67
8   $\odot$ 164   54
7   219
4   129   156

8 Wähle immer zwei Zahlen und multipliziere sie.
Das Ergebnis soll größer als 350 und kleiner als 700 sein.
Rechne zehn Aufgaben.

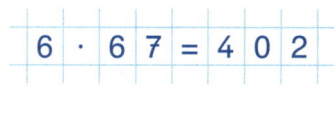

$$6 \cdot 67 = 402$$

9 Bilde mit diesen drei Ziffern Malaufgaben.

a) $\boxed{7}\ \boxed{3}\ \boxed{4}$ b) $\boxed{8}\ \boxed{3}\ \boxed{4}$ c) $\boxed{2}\ \boxed{5}\ \boxed{6}$ a) $7 \cdot 43 =$

Wie viele Aufgaben findest du?

10 Bilde immer die Aufgabe mit dem größten und mit dem kleinsten Ergebnis.

a) $\boxed{9}\ \boxed{7}\ \boxed{8}$ b) $\boxed{3}\ \boxed{6}\ \boxed{9}$ c) $\boxed{2}\ \boxed{8}\ \boxed{4}$ d) $\boxed{7}\ \boxed{5}\ \boxed{6}$

 1   Anton hat zu seinem Würfel einen Bauplan gezeichnet:

a) Wie viele kleine Würfel hat Anton gebraucht?

 b) Zeichne für Annis Würfel einen Bauplan.

d) Wie viele kleine Würfel brauchst du für Annis Würfel?

2	2
2	2

 2   Anni und Anton wollen die beiden nächstgrößeren Würfel bauen.
Wie viele kleine Würfel brauchen Anni und Anton für Würfel A und Würfel B?
Zeichne die Pläne in dein Heft und vervollständige sie.

A   B

Wie viele Stockwerke haben die Würfel?

3   Wie viele kleine Würfel brauchen sie für den nächstgrößeren Würfel?

4   a) Welches Würfelgebäude passt zu diesem Bauplan?

2	3	2
2	2	1
1	1	0

A    B    C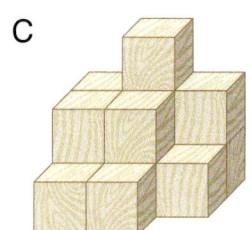

 b) Zeichne die Baupläne für die beiden anderen Würfelgebäude.

5 a) Ordne den Würfelgebäuden den passenden Bauplan zu.

A  B  C  D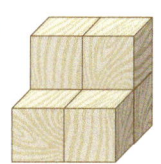

1

2	1
1	0

2

2	2
1	1

3

1	2
1	1

4

0	2
1	0

b) Wie viele kleine Würfel brauchst du, um die Gebäude zu Antons Würfel zu ergänzen?

 6 a) Zeichne die Baupläne.

A  B 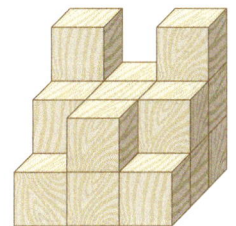 C  D

b) Wie viele kleine Würfel brauchst du, um die Gebäude zu Annis Würfel zu ergänzen?

7 Immer zwei Teile ergeben einen Würfel. Ein Teil bleibt übrig.   *A und*

A 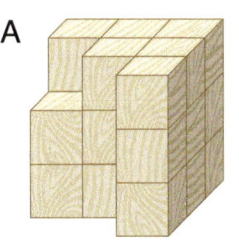 B  C 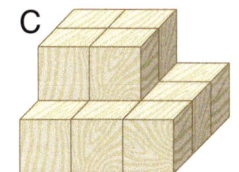 D

E  F 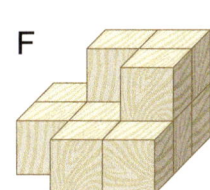 G  H 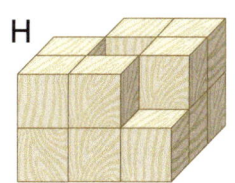 I

Zeichne Baupläne:

a) Baue mit deinen Holzwürfeln verschiedene Quader.

b) Wie viele Würfel brauchst du für den kleinsten möglichen Quader, der kein Würfel ist?

c) Wie viele Würfel brauchst du für den kleinsten möglichen Quader, der keine quadratische Seitenfläche hat?

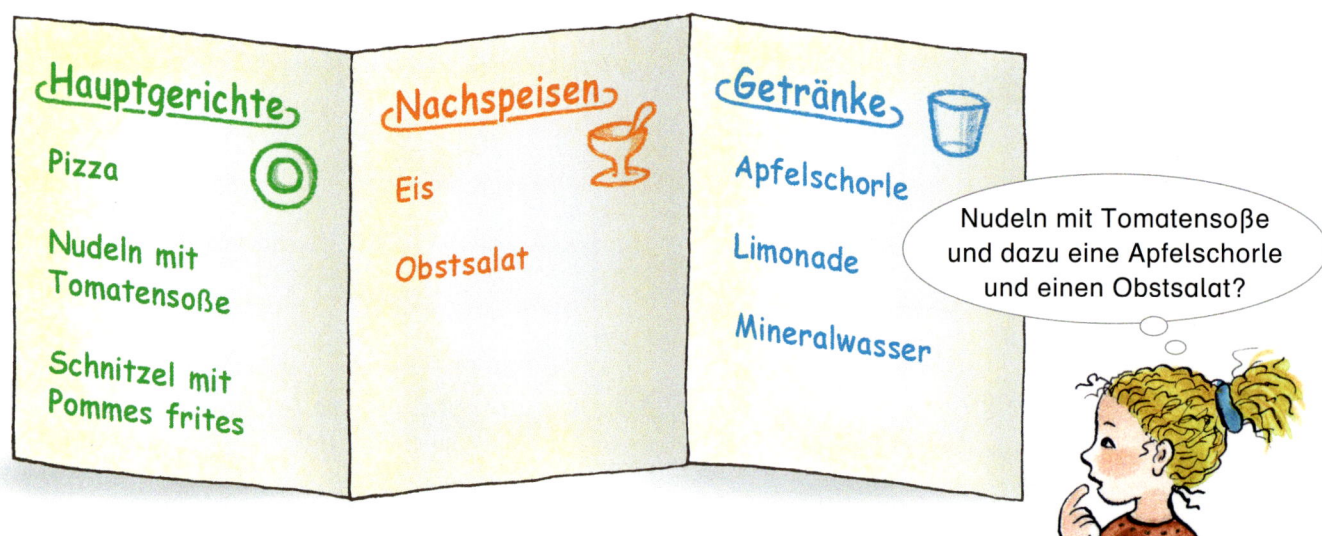

 1 a) Erzähle: Was gehört zu einem Kindermenü? Was würdest du wählen?

b) Schätze: Wie viele verschiedene Möglichkeiten für ein Kindermenü gibt es?

 2 Findet viele verschiedene Möglichkeiten für ein Kindermenü.

Wählt immer ein Hauptgericht , eine Nachspeise und ein

Getränk. Notiert jede neue Möglichkeit auf einem neuen Zettel.

 3 Habt ihr alle Möglichkeiten gefunden?

a) Vergleicht eure Ergebnisse.
Wie viele verschiedene Möglichkeiten
habt ihr gefunden?

b) Ordnet die verschiedenen Möglichkeiten
und gestaltet ein Plakat. Könnt ihr sie
so anordnen, dass man sieht, ob ihr
alle Möglichkeiten gefunden habt?

c) Präsentiert eure Ergebnisse.

4 a) Die Klasse 3b hat begonnen, alle Möglichkeiten in einem Baumdiagramm darzustellen. Erkläre, wie die Möglichkeiten angeordnet sind.

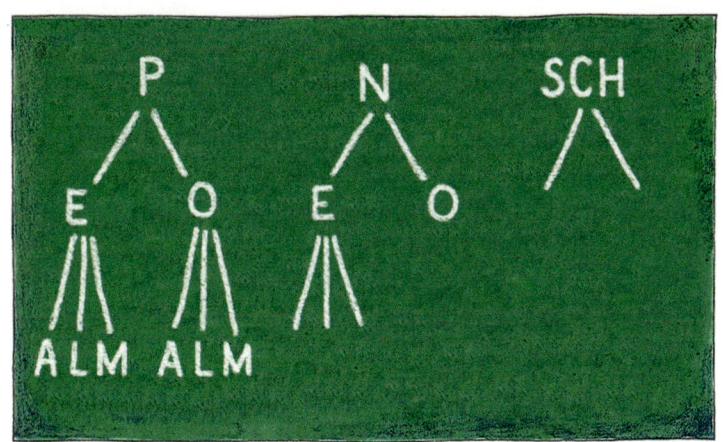

das Baumdiagramm kombinieren

Das Baumdiagramm zeigt mir, wie viele Möglichkeiten es gibt.

b) Zeichne das Baumdiagramm vollständig in dein Heft. Wie viele Möglichkeiten gibt es?

5 Wie viele Möglichkeiten gibt es bei einem Kindermenü mit 3 Hauptgerichten, 3 Getränken und 3 Nachspeisen?

Wähle eine der drei Aufgaben aus:

6 Wähle immer ein **Hauptgericht** und eine **Beilage**. Zeichne ein Baumdiagramm. Wie viele Möglichkeiten gibt es?

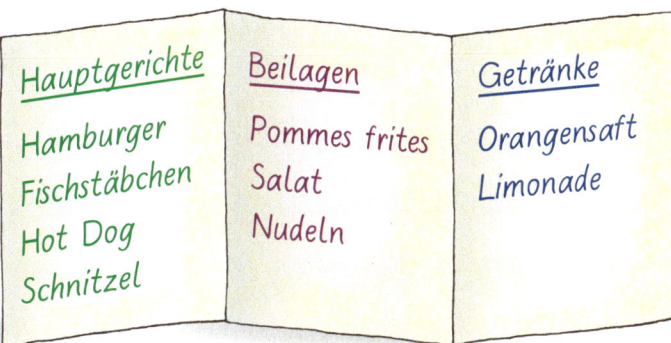

Hauptgerichte	Beilagen	Getränke
Hamburger	Pommes frites	Orangensaft
Fischstäbchen	Salat	Limonade
Hot Dog	Nudeln	
Schnitzel		

7 Wähle immer ein **Hauptgericht**, eine **Beilage** und ein **Getränk**. Zeichne ein Baumdiagramm. Wie viele Möglichkeiten gibt es?

Nimm dein Heft quer, wenn du das Baumdiagramm zeichnest.

8 Erfinde eine Speisekarte mit 4 **Hauptgerichten**, 4 **Nachspeisen** und 2 **Getränken**. Zeichne ein Baumdiagramm. Wie viele Möglichkeiten gibt es?

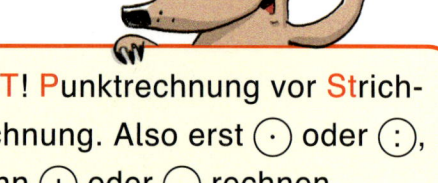

PST! Punktrechnung vor Strich-rechnung. Also erst ⊙ oder ⊙, dann ⊕ oder ⊖ rechnen.

 1 Warum haben Anton und Anni unterschiedliche Ergebnisse? Erkläre.

2 Rechne. Beginne immer mit der markierten Aufgabe.

a) 8 · 7 – 6   b) 9 + 3 · 8   c) 300 – 2 · 50   d) 150 : 5 – 10

e) 30 – 5 · 6   f) 5 · 7 + 5   g) 100 · 2 + 50   h) 80 + 3 · 20

3 Rechne. Denke an die Rechenregel.

a) 6 · 9 – 4   b) 3 + 3 · 4   c) 140 – 4 · 5   d) 180 : 6 + 20

e) 100 – 10 · 5   f) 3 · 60 + 20   g) 210 – 30 : 6   h) 10 + 70 · 7

4 Setze die richtigen Rechenzeichen ein: ⊕, ⊖, ⊙, ⊙

a) 5 · 4 ◯ 8 = 28   b) 20 ◯ 4 + 5 = 10   c) 3 · 2 ◯ 4 = 10

d) 30 ◯ 3 – 10 = 0   e) 12 – 2 ◯ 10 = 20   f) 50 : 10 ◯ 5 = 10

5 Setze die richtigen Rechenzeichen ein: ⊕, ⊖, ⊙, ⊙

a) 4 ◯ 50 ◯ 4 = 50   b) 250 ◯ 5 ◯ 5 = 10   c) 6 ◯ 50 ◯ 20 = 280

d) 360 ◯ 4 ◯ 10 = 100   e) 500 ◯ 50 ◯ 50 = 400   f) 120 ◯ 4 ◯ 30 = 0

6 Setze die Rechenzeichen richtig ein.

a) 250 ◯ 50 ◯ 50 = 251   b) 120 ◯ 30 ◯ 5 = 114   c) 1000 ◯ 250 ◯ 2 = 500

7 Zahlenspielerei

1. Denke dir eine Zahl zwischen 10 und 100.
2. Multipliziere die Zahl mit 10.
3. Addiere zu deinem Ergebnis 10.
4. Streiche die letzte Ziffer durch.
5. Subtrahiere das Ergebnis von 1000.
6. Addiere deine gedachte Zahl.
7. Vergleiche mit deinen Nachbarn.

Zahlenfolgen

Die Zahlenfolge lautet:
3, 6, 5, 8 ...

Zahlenfolgen
Wie heißen die nächsten fünf Zahlen?
3, 6, 5, 8, __, __, __, __, __, 14

Die Regel lautet:
immer abwechselnd
+ 3, − 1.

$$3 \xrightarrow{+3} 6 \xrightarrow{-1} 5 \xrightarrow{+3} 8 \xrightarrow{-1}$$

immer abwechselnd

1 Wie geht es weiter? Setze die Zahlenfolge fort.

2 Wie geht es weiter? Wie lautet die Regel? Setze die Zahlenfolge fort.

a) 2, 4, 3, 5, 4 ... 6

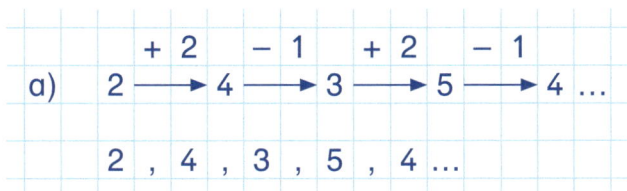

a) $2 \xrightarrow{+2} 4 \xrightarrow{-1} 3 \xrightarrow{+2} 5 \xrightarrow{-1} 4 \ldots$

2 , 4 , 3 , 5 , 4 ...

b) 1, 2, 3 ... 31

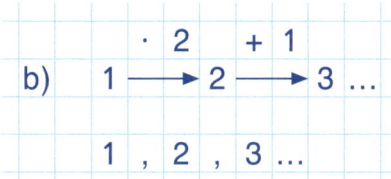

b) $1 \xrightarrow{\cdot 2} 2 \xrightarrow{+1} 3 \ldots$

1 , 2 , 3 ...

3 Wie geht es weiter? Wie lautet die Regel? Setze die Zahlenfolge fort.

a) 2, 10, 5, 25 ... 475

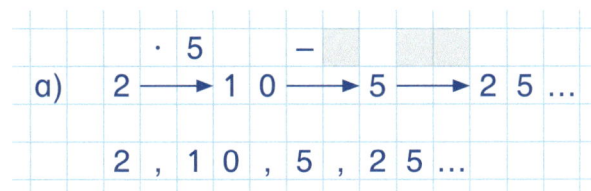

a) $2 \xrightarrow{\cdot 5} 10 \xrightarrow{-} 5 \xrightarrow{} 25 \ldots$

2 , 10 , 5 , 25 ...

b) 1000, 200, 250, 50 ...14

c) 1, 20, 2, 40, 4 ...16

4 Wie heißen die nächsten fünf Zahlen?
Finde zwei verschiedene Möglichkeiten und notiere die Rechenregeln.

2, 7, 14, 19, ⬜, ⬜, ⬜, ⬜, ⬜

Erfinde eigene Zahlenfolgen.

129

Üben und wiederholen

1 Ergänze zum nächsten Hunderter.

a) 302 + ▮ = ▮   b) 869 + ▮ = ▮   c) ▮ + 54 = ▮   d) ▮ + 19 = ▮

2 Addiere zum Ergebnis immer 36, bis du einen glatten Hunderter als Ergebnis erhältst.

```
    1 8 4
+     3 6
─────────
```

3 Subtrahiere schriftlich.

a) 447 − 234   b) 851 − 520   c) 673 − 356   d) 823 − 658   e) 514 − 279

4 Bilde mit den Ziffernkarten die größtmögliche dreistellige Zahl. Subtrahiere davon alle weiteren dreistelligen Zahlen, die du aus den restlichen Ziffernkärtchen bilden kannst.

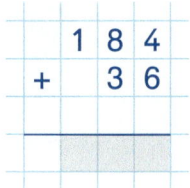

5 Bilde mit den Ziffernkarten eine dreistellige und eine zweistellige Zahl. Die Summe beider Zahlen soll immer 456 ergeben. ⬚6⬚ ⬚8⬚ ⬚0⬚ ⬚7⬚ ⬚3⬚

6 Ergänze die Lücken. Denke an die Überträge.

```
a)   3 ▮ 6      b)   4 7 5      c)  ▮ 4 7      d)   5 3 ▮      e)   8 2 ▮
   + 4 2 3         + 2 ▮ ▮         − 2 0 5         − ▮ 6 2         − ▮ 7 5
   ────────         ────────        ────────        ────────        ────────
     ▮ 6 ▮           ▮ 9 2           4 4 2           1 7 5           3 ▮ 4
```

7 Rechne im Kopf.

a) 3 · 18   b) 10 · 17   c) 12 · 4   d) 13 · 6   e) 3 · 70   f) 4 · 80
   5 · 13   9 · 14   15 · 3   11 · 8   6 · 80   7 · 60
   9 · 11   6 · 15   14 · 7   13 · 9   9 · 50   8 · 90

8 Rechne im Kopf.

a) 28 : 2   b) 90 : 6   c) 240 : 6   d) 450 : 5   e) 360 : 60   f) 210 : 70
   70 : 5   60 : 5   270 : 9   280 : 4   810 : 90   240 : 40
   84 : 7   48 : 3   400 : 8   490 : 7   480 : 60   500 : 50

9 Rechne halbschriftlich.

a) 8 · 108   b) 5 · 125   c) 3 · 287   d) 329 · 3   e) 237 · 4   f) 153 · 6

Im Zeltlager

1

Im Zeltlager gibt es nur Sechserzelte und Achterzelte. Es sind vier Sechserzelte und vier Achterzelte aufgebaut.

a) Wie viele Kinder können höchstens im Zeltlager übernachten, wenn in jedem Zelt auch immer ein Betreuer schläft?

b) Wie viele Zelte müssen noch aufgebaut werden, damit genau 60 Kinder Platz finden? Denke daran, dass in jedem Zelt auch ein Betreuer übernachtet.

2

Die Gruppe von Anton und Anni macht mit ihrem Betreuer eine Wanderung zur Burgruine. Sie gehen um 13.35 Uhr los. Nach einer Stunde und 20 Minuten kommen sie an. Dort bleiben sie 45 Minuten. Für den Rückweg brauchen sie eine Stunde und 15 Minuten. Wie viel Freizeit haben sie noch, wenn es um 18.00 Uhr Abendessen gibt?

4

Das Zeltlager dauert fünf Tage. Morgens, mittags und abends müssen die Kinder beim Küchendienst helfen. Zu jeder Mahlzeit werden immer vier Kinder eingeteilt.

a) Kommt jedes Kind einmal mit Küchendienst dran?

b) Wie viele Kinder müssten zweimal Küchendienst machen, wenn das Zeltlager zwei Tage länger dauern würde?

3

Beim Fußballturnier machen fünf Mannschaften mit. Alle Mannschaften spielen einmal gegeneinander. Wie viele Spiele werden ausgetragen?

Mathe-Lexikon

Zahlen

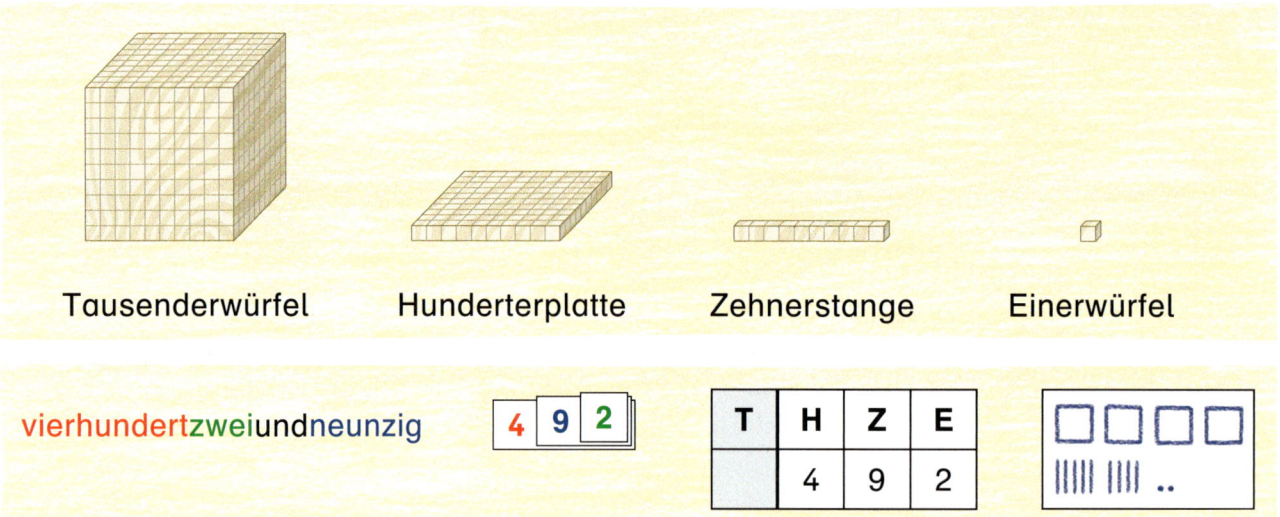

Tausenderwürfel   Hunderterplatte   Zehnerstange   Einerwürfel

vierhundertzweiundneunzig   4 9 2

T	H	Z	E
	4	9	2

Rechnen

Addition	Subtraktion	Multiplikation	Division
addieren	subtrahieren	multiplizieren	dividieren
320 + 430 = 750	780 − 340 = 440	3 · 24 = 72	450 : 5 = 90
Summe	Differenz		

Schriftliche Rechenverfahren

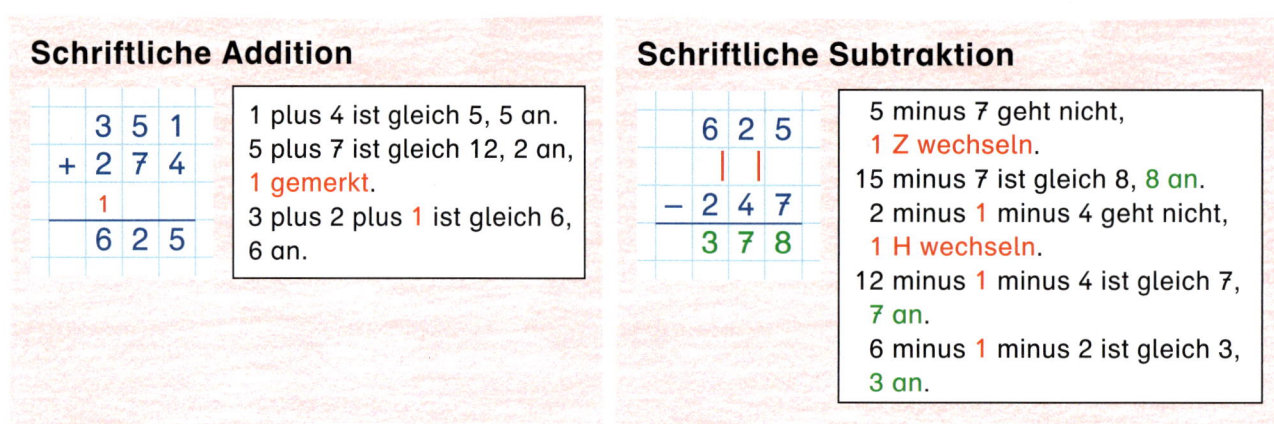

Schriftliche Addition

```
  3 5 1
+ 2 7 4
    1
  6 2 5
```

1 plus 4 ist gleich 5, 5 an.
5 plus 7 ist gleich 12, 2 an,
1 gemerkt.
3 plus 2 plus 1 ist gleich 6,
6 an.

Schriftliche Subtraktion

```
  6 2 5
   | |
− 2 4 7
  3 7 8
```

5 minus 7 geht nicht,
1 Z wechseln.
15 minus 7 ist gleich 8, 8 an.
2 minus 1 minus 4 geht nicht,
1 H wechseln.
12 minus 1 minus 4 ist gleich 7,
7 an.
6 minus 1 minus 2 ist gleich 3,
3 an.

Größen

Zeit

Sekunde	s	
Minute	min	
Stunde	h	
1 min	= 60 s	
1 h	= 60 min	

1 Tag hat 24 Stunden.
1 Woche hat 7 Tage.
1 Monat hat 31 Tage oder 30 Tage oder 28 (29) Tage.
1 Jahr hat 12 Monate.
1 Jahr hat 365 (366) Tage.

Geld

9 € 25 ct	5 € 8 ct	6 ct
925 ct	508 ct	6 ct
9,25 €	5,08 €	0,06 €

Euro   €   1 € = 100 ct

Cent   ct

Längen

4 m 25 cm	2 m 7 cm	6 cm
425 cm	207 cm	6 cm
4,25 m	2,07 m	0,06 m

Millimeter   mm   1 cm = 10 mm

Zentimeter   cm   1 m = 100 cm

Meter   m   1 km = 1000 m

Kilometer   km

Gewichte

Gramm   g   1 kg = 1000 g

Kilogramm   kg

Vergleichsgewichte: 1 g 10 g 100 g  250 g  500 g  1 kg

  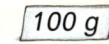

Geometrie

Vierecke

Quadrat   Rechteck

unregelmäßiges
Viereck

Achsensymmetrie

Körperformen

  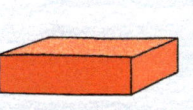 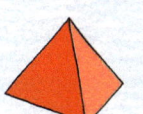 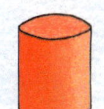  

Kugel   Würfel   Quader   Pyramide   Zylinder   Kegel   Prisma

Seiten-
fläche

Kante

Ecke

**senkrecht
zueinander**

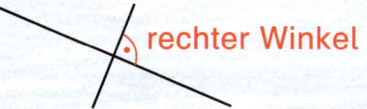

rechter Winkel

**parallel
zueinander**

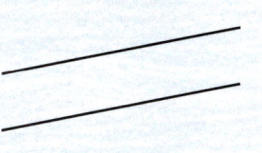

Mathematische Inhaltsübersicht

Mathematische Inhaltsübersicht